# Ma rencontre avec l'au-delà

**Animae s'engage pour une fabrication écoresponsable !**
« Des livres pour mieux vivre », c'est la devise de notre maison. Et vivre mieux, c'est vivre en impactant positivement le monde qui nous entoure ! C'est pourquoi nous avons fait le choix de l'écoresponsabilité. Un livre écoresponsable, c'est une impression respectueuse de l'environnement, un papier issu de forêts gérées durablement (papier FSC® ou PEFC), un nombre de kilomètres limité avant d'arriver dans vos mains (90 % de nos livres sont imprimés en Europe, et 40 % en France), un format optimisé pour éviter la gâche papier et un tirage ajusté pour minimiser le pilon ! Pour en savoir plus, rendez-vous sur notre site.

Édition : Sylvie Dumon-Josset
Correction : Stéphanie Girardot
Maquette : Nord Compo
Couverture : Constance Clavel
Photographie de couverture : Gérard Foutrier
Illustration du schéma p. 137 : Alexandra Alzieu

© 2025 Animae, une marque des éditions Leduc
76 boulevard Pasteur
75015 Paris – France
ISBN : 978-2-38564-150-4

Nathalie Balacé

# MA RENCONTRE AVEC L'AU-DELÀ

Les secrets de la vie
après la mort
**15 récits extraordinaires**

animae

# Sommaire

*Le destin ne nous envoie jamais de mal sans nous envoyer aussi un remède. La réincarnation est ce remède, une chance de tout recommencer.*

*Arthur Schopenhauer*

# Introduction

Si quelqu'un m'avait dit un jour que j'écrirais un livre sur l'au-delà, les mondes invisibles, la vie après la mort, les guides de lumière, j'aurais immédiatement pensé que cette personne était tombée sur la tête. Ce n'était alors pour moi que supercherie, tromperie, idées ubuesques sorties tout droit de l'imaginaire, ou peut-être un besoin pour certains de se rassurer, de donner un sens à leur existence, en s'accrochant à une figure divine.

Pourtant me voici, devant ma page blanche, avec la ferme intention de vous partager ce qui m'a ouvert les yeux. Ces autres dimensions, ces êtres de lumière, se sont imposés à moi petit à petit, avec douceur, force et insistance, à tel point qu'il m'est aujourd'hui impossible de les nier. J'étais pourtant loin d'être réceptive à ces sujets. Cartésienne, rationnelle, j'ai toujours cru que seule la réalité tangible devait guider nos choix. Mais la vie m'a montré que personne ne nous demande de croire aveuglément à l'invisible : il se manifeste à nous lorsque nous sommes prêts à l'accueillir.

Les expériences que j'ai vécues m'ont progressivement amenée à remettre en question toutes mes certitudes. Des consultations, des signes troublants, des synchronicités impossibles à ignorer et des rencontres avec des âmes parties de l'autre côté ont bouleversé ma perception de la réalité.

Pourquoi est-ce important pour moi de vous livrer les connaissances que cela m'a apporté ? Parce que ma vie a enfin pris du sens lorsque j'ai admis, compris et intégré que notre âme est immortelle. Nous ne sommes pas ici par hasard, nous sommes aimés et soutenus dans notre mission terrestre. Nous ne sommes jamais seuls, nous sommes accompagnés, guidés à chaque instant, même lorsque nous avons l'impression d'être livrés à nous-mêmes et que la vie est trop injuste.

Ouvrir ma conscience sur l'invisible m'a permis de comprendre le pouvoir qui se cache en nous : nous sommes profondément amour. Vivre en ignorant cette dimension, c'est comme respirer avec un seul poumon : en se privant d'une partie de nos capacités et d'une partie de notre air, et l'air, c'est la vie. C'est comme si on se privait d'une partie essentielle de notre être, d'une source infinie d'amour et de compréhension.

Ce voyage vers l'invisible n'est pas seulement une exploration de l'au-delà, c'est aussi une clé pour mieux vivre notre présent. Comprendre que nous sommes guidés, soutenus et aimés permet de transformer notre quotidien. Cela nous aide à lâcher prise, à vivre pleinement avec plus de joie, de sérénité et de confiance en la vie.

À travers ce livre, j'aimerais vous accompagner sur ce chemin d'ouverture. Tout comme j'ai partagé mon parcours de guérison de la spondylarthrite ankylosante[1], je ressens aujourd'hui l'élan de raconter cette autre transformation. J'espère ainsi aider ceux qui pressentent qu'il existe quelque chose de plus grand sans savoir comment y accéder.

Dans cet ouvrage, je vais vous raconter comment cette découverte s'est imposée à moi, comment j'ai appris à décoder les signes de l'au-delà et à comprendre la présence des âmes, à dialoguer avec les guides. Je vous partage les messages reçus lors de consultations, les enseignements qui en ont découlé, la manière dont ces expériences peuvent nous aider à mieux appréhender notre propre existence, et comment se connecter à ses autres dimensions.

Mon objectif est simple : répondre aux questions que beaucoup se posent, si possible réveiller des consciences et, je l'espère, vous apporter des clés pour avancer sur votre propre chemin.

Ce livre est une invitation à voir au-delà du visible, à questionner nos certitudes et à explorer cette dimension qui nous entoure et nous soutient, même si nous ne la percevons pas

---

1. Voir Nathalie Balacé, *Le jour où j'ai décidé de guérir*, Éditions Bold, 2021.

toujours. Que cette lecture puisse éveiller en vous ce que la vie m'a appris : nous ne sommes jamais seuls, nous sommes profondément aimés et nous sommes illimités. Notre mission sur Terre est d'évoluer et d'aimer.

Mon but, à travers ces pages, n'est pas de vous convaincre – d'ailleurs, ce mot lui-même ne me plaît guère : il contient « con » et « vaincre ». Il ne s'agit ni de convaincre ni de persuader, mais simplement de partager. Vous transmettre un vécu, une transformation, une vérité intime que j'ai découverte au fil de mon parcours.

Je veux vous raconter comment j'ai rencontré mon moi profond, ce moi supérieur relié à la Source, à cette intelligence divine et créatrice. Ce lien, d'abord ténu, s'est peu à peu renforcé, jusqu'à devenir une évidence. Une véritable résurrection intérieure.

C'est ainsi que j'ai développé un lien fort avec mes guides et que mes capacités extrasensorielles se sont ouvertes naturellement. Dans mon précédent livre, une phrase résumait bien ce bouleversement : « Toute expérience de vie est une initiation à ressentir plus d'amour pour soi et pour les autres. »

Quand on comprend que notre âme est immortelle, la vie sur Terre prend un autre sens. Elle devient une école, et nous en sommes les étudiants. Mes expériences, les confidences reçues, les rencontres et les éveils de conscience m'ont permis d'intégrer peu à peu des vérités profondes que je m'apprête à vous partager ici.

Je ne vous demande pas de me croire. Je vous invite simplement à garder l'esprit ouvert et à accueillir ce qui résonne en vous. Beaucoup de ceux qui rejettent ces sujets n'en ont, en réalité, jamais exploré la portée. Et je ne les juge pas : j'ai été comme eux.

Je viens d'un milieu simple, terrien. Dans ma famille, il n'était pas question de spiritualité. On m'a appris à travailler dur pour mériter un toit, une assiette, une place. Tellement dur qu'on en oubliait souvent l'essentiel… et parfois même la santé.

Mon parcours n'a pas été un long fleuve tranquille. J'ai connu la souffrance, la maladie, la peur du handicap. J'ai été prisonnière de schémas inconscients, dictés par l'héritage transgénérationnel et les injonctions sociales. Et pourtant, une chose m'a toujours sauvée : ma curiosité. Cette soif de comprendre, d'apprendre et de donner du sens.

Aujourd'hui, je ne « crois » pas à l'au-delà. Je sais qu'il existe. Ce n'est pas une opinion, mais une certitude née de mes expériences. Et à ceux qui demandent des preuves, je retourne la question : peut-on prouver qu'il n'y a rien après la mort ? Le néant n'a jamais su me convaincre. Il me semble même que cette idée a été inculquée pour couper l'être humain de sa véritable nature : divine, créatrice, illimitée.

En réalité, nous avons déjà tout en nous. Mais nous l'avons oublié. Les témoignages abondent : expériences de mort imminente, synchronicités, sensations inexplicables… Il ne s'agit plus de croyances, mais d'évidences pour ceux qui ont osé voir. Nous ne sommes pas seulement un corps, nous sommes corps, âme et esprit. Et lorsque le corps meurt, l'âme poursuit son chemin, reliée à cette source d'amour qui nous dépasse.

Saint Augustin disait : « Les morts sont invisibles, ils ne sont pas absents. » Et c'est exactement cela. Ce que nous appelons « l'au-delà » n'est qu'un seuil, une autre réalité, une maison que l'on retrouve.

Je ne me rattache à aucune religion. Ma foi est libre, intuitive, vivante. Je crois en une intelligence supérieure, une force créatrice qui vit à travers nous. Une énergie d'amour dont nous sommes tous une étincelle. Et puisque nous sommes reliés à elle, nous sommes, nous aussi, créateurs de notre réalité.

Ce que je vais partager avec vous dans ces pages ne vient pas d'un savoir théorique. Tout a été vécu, expérimenté et ressenti, que ce soit dans ma vie personnelle ou au cours de mes consultations. J'ai simplement changé les prénoms pour préserver la confidentialité, car en tant que praticienne, je suis tenue au secret professionnel.

Parmi des milliers de cas, j'en ai sélectionné quelques-uns. Ils illustrent la progression, la compréhension et l'ouverture qui ont été nécessaires pour que le sens émerge peu à peu. Ces histoires sont vraies. Elles témoignent d'un cheminement, et peut-être vous aideront-elles, vous aussi, à retrouver ce lien perdu, à vous reconnecter à votre essence.

# PARTIE 1
# **J'ai longtemps douté**

## Une famille modeste et athée

J'aimerais vous raconter mon parcours, en partant de mon enfance, pour vous partager comment, au fil des épreuves et des rencontres, j'ai pris conscience du monde invisible.

Je suis née dans un petit village d'une centaine d'habitants, au sein d'une famille modeste. Mes parents, ouvriers, m'ont transmis des valeurs simples : travail, respect, famille. Très tôt, j'ai perçu leurs blessures, leur fatigue, leurs silences. Ma mère portait le poids du rejet et du deuil inacceptable de son frère. Mon père, celui du devoir. Mes grands-parents, Juliette et Tintin, vivaient en face de chez nous ; j'ai grandi avec mon grand frère entre leurs bras, leurs animaux et les jeux dans la forêt. Une enfance marquée par la dureté d'un monde où tout tournait autour du labeur, où « la vie ne faisait pas de cadeaux ».

Derrière mes sourires d'enfant, je ressentais déjà un décalage. La violence et les cris me bouleversaient. Je sentais la douleur cachée sous les gestes. J'étais souvent dans la lune, perdue dans mes pensées, sans aucune réponse aux questions qui me taraudaient : à quoi sert la vie ? Pourquoi toute cette souffrance ?

Dans ma famille, croire en Dieu, en une force supérieure ou juste en la chance était considéré comme farfelu, voire comme un signe de faiblesse. Les religions faisaient peur. On ne comptait que sur soi-même, et sur le travail.

Je trouvais refuge dans la nature, sur une balançoire, et dans le mouvement, en me tapant rythmiquement la tête contre le fauteuil pour m'extraire du bruit des adultes. Mon comportement intriguait. Aujourd'hui, on poserait probablement un diagnostic. À l'époque, on disait que je m'ennuyais.

L'arrivée de mon petit frère m'a emplie de joie mais a aussi sonné la fin de notre quotidien chez nos grands-parents.

À 8 ans, la mort de mon grand-père Tintin, le jour de mon anniversaire, a laissé en moi une trace indélébile. Plus tard, le départ de la maison de mon grand frère a ravivé ce sentiment d'abandon. J'ai ressenti un vide abyssal. Des pensées de mort ont commencé à me hanter, elles sont revenues à chaque fois que je me sentais rejetée, abandonnée ou dépassée par la tâche.

Dès l'adolescence, j'ai travaillé. L'école me semblait absurde, déconnectée de la vie. Je m'interrogeais : pourquoi apprendre des faits qui ne m'aideraient jamais à être heureuse ? Malgré tout, j'ai avancé. J'ai obtenu mon baccalauréat scientifique. Un vrai défi dans mon milieu où les études n'étaient pas valorisées. Ensuite, j'ai enchaîné les petits boulots qui ne me passionnaient pas, pour assumer le quotidien.

Comme beaucoup, j'ai cru qu'il fallait prouver sa valeur en suivant le modèle familial : travail, maison, mariage. Je suis restée en couple pendant dix ans par peur de ne plus être aimée. Un quotidien sans passion, centré sur la survie, où le plaisir n'avait pas sa place.

L'année de mes 19 ans, ma grand-mère Juliette est tombée et s'est fracturée le col du fémur. Pour la première fois, j'ai prié Dieu, implorant une guérison… mais elle est morte. Son départ a laissé en moi un vide immense. Aucun signe, aucun apaisement, juste le vide. Je me suis sentie orpheline, privée de mes racines, sans repères.

Puis, à 25 ans, un tournant : je suis entrée dans le monde de la finance. Un univers exigeant, rationnel, où j'ai gravi les échelons. J'ai voyagé, découvert le théâtre, les dîners mondains, exploré une trentaine de pays. J'ai rencontré des cultures et des religions différentes, et compris que malgré nos différences apparentes, nous sommes tous semblables, nous sommes tous faits du même amour. Le Pérou, la Thaïlande et l'Égypte m'ont profondément bouleversée sans que je sache pourquoi.

Pourtant, dans cette réussite, il me manquait quelque chose. Je travaillais sans relâche, fuyais les questions existentielles. Je voulais briller sans renier mes racines. Mais intérieurement, je me débattais avec un manque d'amour de moi qui influençait mes relations, mes choix, ma santé. Comme ma famille, je me sentais prise au piège d'un système qui broie nos meilleures années. Et y échapper semblait impossible.

Avec le recul, je comprends que ce mal-être venait d'un écart entre mon essence profonde et la vie que je menais. Je cherchais à mériter l'amour au lieu de comprendre qu'il était déjà en moi. Un jour, la vie a frappé plus fort. Trois événements ont tout bouleversé. Trois chocs qui ont ouvert une brèche. C'est à ce moment-là que mon regard sur le monde, visible puis invisible, a changé.

Aujourd'hui, à 50 ans, je vis pleinement. Je suis mariée avec un homme merveilleux, je suis une mère comblée. Et je fais un métier qui chaque jour m'anime : je forme, j'accompagne, je transmets des techniques pour se libérer de mémoires de souffrance et se reconnecter à soi. Je me sens alignée, habitée d'une Lumière que je nourris patiemment, connectée à plus grand que moi. Je n'ai plus peur d'être seule. Je m'aime, profondément, simplement. Mais pour en arriver là, il a fallu tomber. Se perdre. Se questionner. Se relever. Ces trois événements ont été un point de bascule. Et c'est là qu'a commencé le vrai voyage.

# Trois souffrances, trois déclics

Trois grandes épreuves m'ont amenée à une prise de conscience profonde, à la redécouverte de ma véritable nature, à la reconnexion avec mon essence divine et à la rencontre avec l'au-delà.

## L'amour… de soi

À 26 ans, ma vie a basculé. Je me suis séparée de mon compagnon et retrouvée libre, autonome. Trois hommes ont ensuite traversé ma vie, et un même constat s'imposait : je me sentais toujours abandonnée, rejetée, non respectée, et cela de plus en plus fortement. Puis j'ai rencontré un homme violent. Une relation toxique qui a duré deux ans. Il était manipulateur, fourbe, mythomane. Au début, tout semblait idyllique, je ne voyais pas l'enfer qui m'attendait. Très vite, les mensonges se sont multipliés. Il me privait de sommeil, me dévalorisait, m'humiliait, me faisait vivre des crises de jalousie incessantes. Et lorsqu'il était à bout d'arguments, il frappait. J'essayais de me défendre, mais c'était une furie, un véritable pervers narcissique.

Celles qui ont connu ce type de violence comprendront : partir semble impossible. On est vidée, sans force, comme si toute notre énergie avait été aspirée. Ce n'est que lorsque j'ai appris que j'étais enceinte, et qu'il a levé la main sur moi une fois de plus, que j'ai trouvé la force de partir. Je lui ai dit qu'il ne me reverrait jamais. Et c'est ce qu'il s'est passé.

J'ai voulu comprendre pourquoi mes relations devenaient de plus en plus violentes. Pourquoi avais-je attiré ces situations ? Pourquoi acceptais-je l'inacceptable ? J'ai entamé une autothérapie, un cheminement profond vers la compréhension de moi-même. C'est là que j'ai découvert une vérité essentielle : quand on ne s'aime pas, quand la violence est inscrite dans nos gènes – parce qu'on l'a vécue ou parce que nos ancêtres l'ont subie – alors, tôt ou tard, on la reproduit, sur les autres ou sur soi-même. Je m'infligeais cette violence. Je me laissais malmener parce qu'au fond, je ne savais même pas que je devais m'aimer. Dès lors, comment pouvais-je attendre que l'autre m'aime et me respecte ?

J'ai aussi compris que les personnes que nous rencontrons sont des miroirs nous renvoyant ce qui se passe en nous ou, plus précisément, ce que nous portons inconsciemment, engrammé dans notre disque dur intérieur. Mes relations étaient le reflet de mes blessures non guéries, des traumatismes enfouis de mon passé, parfois même de ceux de mes ancêtres.

Ce fut mon premier déclic, celui qui m'a conduite vers la psychologie et l'exploration de l'inconscient. J'ai réalisé qu'il est bien plus puissant que notre volonté consciente, qu'il est capable de rejouer encore et encore les mêmes schémas douloureux, jusqu'à ce que nous décidions d'en guérir. Alors, j'ai pris une décision, celle d'apprendre à m'aimer et à me respecter, chaque jour un peu plus. Et je me suis fait la promesse que plus jamais aucun homme ne lèverait la main sur moi.

## Ma fille

À la suite de cette histoire douloureuse, j'ai pris le temps de panser mes blessures et de me reconstruire. J'avais 31 ans lorsque j'ai rencontré l'homme de ma vie. Un homme bien dans ses baskets, qui s'aime, aime la vie et les gens. Un caractère bien trempé, mais un homme doux, honnête, plein d'humour, et avec des valeurs humaines importantes pour moi. Comme c'est bizarre ! Je fais le pacte de m'aimer, et je tombe sur un homme qui m'aime et me respecte.

Très rapidement, notre première fille est arrivée. Quand elle avait 18 mois, elle me repoussait. Elle me donnait des coups de pied, refusait de me dire bonjour ou au revoir. Sans le savoir, elle rejouait un schéma profondément ancré, celui que j'avais vécu avec ma propre mère qui, elle-même, l'avait subi de la sienne. Une chaîne inconsciente de rejet due à un conflit mère/fille transmis de génération en génération.

Face à cette souffrance, j'ai pris une décision radicale : me séparer de son père. Je pensais que pour me rapprocher d'elle, je devais choisir entre ma vie de mère et ma vie de femme. Mais avec mon mari, nous nous aimions toujours, alors nous avons consulté pour comprendre ce qui se jouait en nous.

C'est ainsi qu'Élisabeth est entrée dans notre vie. Cette thérapeute nous a aidés à mettre en lumière les schémas inconscients à l'œuvre. Le père de ma fille avait perdu sa mère à l'âge de 4 ans. De manière inconsciente, il avait cherché pour notre enfant… une mère absente. Et moi, absorbée par mon travail, je jouais ce rôle à la perfection sans m'en rendre compte. Lors de cette séance, nous avons beaucoup pleuré, et réalisé à quel point l'inconscient peut nous piéger dans des schémas douloureux.

Ma propre histoire influençait elle aussi mes choix. À 7 ans, j'ai vécu un traumatisme : j'ai trouvé mon grand-père Tintin gisant dans un talus, les yeux grands ouverts, paralysé par une hémiplégie totale. Une l'ambulance est venue le chercher et je ne l'ai jamais revu. Il est mort quelques mois plus tard, le jour de mes 8 ans. Sans le savoir, j'avais intégré cette peur : l'homme que j'aime peut disparaître du jour au lendemain. Avec le père de ma fille, l'homme que j'aime le plus au monde, j'ai provoqué la séparation pour ne pas être quittée. Mieux valait partir que subir l'abandon.

L'inconscient reproduit ce qu'il connaît et cherche à nous sauver la vie en permanence. Il n'est pas manichéen, les notions de bien et de mal lui sont inconnues.

Ce travail avec Élisabeth m'a ouvert les yeux. J'ai réalisé à quel point nos programmations inconscientes pilotent notre vie et nos réactions, bien plus que nous ne l'imaginons. D'où l'importance de s'en libérer pour reprendre le contrôle, être heureux et apaisé.

## La maladie

À 34 ans, j'ai commencé à ressentir des douleurs partout dans le corps. Très rapidement, le diagnostic de spondylarthrite ankylosante a été posé. J'ai dû arrêter de travailler. Moi qui avais grandi dans une famille où travailler était non seulement une nécessité mais aussi une valeur cardinale, autant dire que le sol se dérobait sous mes pieds.

Quand la maladie s'est déployée dans mon corps, que l'inflammation brûlait dans chacun de mes os et principalement dans ma colonne vertébrale, j'ai pensé que mon corps était en train de me parler. Que cherchait-il à me dire ? Peut-être que je m'étais trompée de voie.

Élisabeth m'avait aidée à me poser les bonnes questions sur le sens de notre existence, et j'avais compris ma vraie valeur. Le travail effectué avec elle m'avait tellement transformée que j'ai souhaité qu'il en soit de même pour les autres. J'ai décidé de devenir praticienne en relation d'aide.

À 35 ans, je reprends donc des études, en psychologie. L'apprentissage est immense. Freud, Jung, Lacan, Berne, Rogers : tous me passionnent. Parallèlement, je commence à rencontrer des personnes qui me parlent de connexion à soi, à l'au-delà, à leurs guides, de contacts avec les défunts, d'expérience de mort imminente (EMI), de travail avec les énergies. Je suis très dubitative au début, même si tout cela m'interpelle. J'écoute, j'apprends, je réapprends. De formation en formation, de formateur en formateur, de rencontre en rencontre, les messages au sujet de l'au-delà sont récurrents, les discours se recoupent. Quelque chose en moi commence à s'ouvrir. Quand la nuit la souffrance m'empêche de dormir, je m'ouvre à de nouvelles pistes thérapeutiques. J'expérimente des méthodes de soin moins conventionnelles, plus naturelles. J'écoute mon intuition, mes ressentis.

Je sais maintenant que j'étais guidée. Je ne combattais plus la maladie, je remettais de la santé dans mon être. Il m'a fallu plusieurs années de recherches et de tâtonnements pour comprendre le fonctionnement de mon corps et les raisons pour lesquelles la maladie s'y était invitée. Mais j'y suis parvenue.

# Quand la science m'apporte des réponses

Avide d'apprendre, je me suis d'abord formée à la relation d'aide dont les fondements reposent sur la bienveillance, le non-jugement, l'authenticité et l'écoute active, dans le respect du secret professionnel. J'avais déjà acquis plusieurs outils thérapeutiques pour aider à mieux comprendre et surmonter les blocages émotionnels quand ma curiosité m'a poussée à aller plus loin en étudiant l'hypnose. J'ai suivi plusieurs formations afin de saisir en profondeur son fonctionnement et son impact sur l'inconscient.

L'écoute active, que j'ai particulièrement développée, s'est révélée essentielle. Elle permet non seulement d'entendre ce que le client[2] exprime, mais aussi de percevoir ce qui se joue inconsciemment à travers ses paroles, ses silences, son corps et ses émotions. Très vite, j'ai remarqué que certains schémas de souffrance et blocages se répétaient, sans que les clients en aient conscience. Des croyances familiales profondément ancrées façonnaient leurs manières d'être et d'agir. Parfois, ils portaient des mémoires qui ne leur appartenaient même pas. J'ai une fois de plus réalisé à quel point l'inconscient influence bien plus notre vie que la conscience elle-même.

Ce constat m'a amenée à explorer les mémoires intra-utérines et leur impact sur notre construction psychique. Lors d'une formation en sophro-analyse selon la docteure Claude Imbert, j'ai appris que l'enfant à naître enregistre déjà des informations

---

2. Je préfère utiliser le terme client plutôt que patient pour ne pas être apparentée au milieu médical.

émotionnelles dans le ventre maternel. Le liquide amniotique prend le goût des émotions ; les angoisses, le stress ou les traumatismes vécus par sa mère s'imprègnent en lui et peuvent influer sur son développement. Évidemment, il en est de même pour la sérénité, la joie, l'amour. Cette approche permet de revisiter des souvenirs inconscients pour libérer les blocages qui en découlent.

Ma soif de compréhension m'a ensuite menée vers la psychogénéalogie selon la psychologue Anne Ancelin-Schützenberger. Cette discipline étudie l'héritage émotionnel et psychique transmis par nos ancêtres. Nous naissons avec des mémoires familiales, certaines positives – de résilience, de force, de courage – et d'autres plus lourdes, issues de blessures profondes inscrites dans nos gènes et dans notre ADN. Ces mémoires, souvent inconscientes, influencent nos comportements, nos choix de vie ; des maladies ou un mal-être peuvent même se développer en nous. Je l'ai constaté par moi-même en travaillant sur un secret familial qui a joué un rôle clé dans ma guérison de la spondylarthrite ankylosante. Ce que l'on ne dit pas s'imprime dans le corps, c'est ce que l'on appelle « le mal a dit » ou « le mal à dire » ou « l'âme a dit », autrement dit la maladie.

Lors d'une séance avec une cliente souhaitant se débarrasser d'un excès de poids persistant, j'ai utilisé ma technique TEDMI© (Technique d'effacement définitif des mémoires émotionnelles inconscientes) conçue pour faire parler l'inconscient. À ma grande surprise, elle s'est retrouvée projetée à une époque médiévale, revivant une expérience où elle mourait de faim dans un cachot. Sans le savoir, dans sa vie actuelle, elle accumulait de la nourriture pour ne plus revivre cette détresse. Cette consultation a été pour moi une révélation : je devais approfondir l'exploration des vies antérieures.

Bien que sceptique au départ car je doutais de la réalité de la réincarnation, mon parcours m'avait déjà amenée à accepter l'existence d'un monde invisible et de phénomènes inexpliqués. Il ne me restait plus qu'à avancer, un pas après l'autre. J'ai suivi une formation avec Patrick Drouot, un physicien spécialisé dans l'étude des états d'expansion de conscience. Poussée par cette quête, j'ai aussi entamé auprès de Jean-Pierre Girard une formation en parapsychologie appliquée. Cette discipline étudie les phénomènes psychiques dits paranormaux tels que la voyance, la prémonition ou la télépathie. Plus j'avançais dans cette exploration, plus mes consultations devenaient efficaces et rapides, produisant des résultats impressionnants. Le bouche-à-oreille a fait son œuvre et très vite mon carnet de rendez-vous s'est rempli, avec jusqu'à cinq mois d'attente.

Dans le même temps, un autre phénomène troublant s'est manifesté : des voix me dictaient comment libérer mes clients de leurs blocages émotionnels. Mon ouverture à l'invisible se renforçait, mais mes douleurs physiques, elles, persistaient et me faisaient souffrir chaque nuit. Cette souffrance chronique m'a poussée à m'intéresser aux guérisseurs à travers différentes cultures. Une autre étape dans mon voyage à la frontière du visible et de l'invisible.

# Ma rencontre avec les guérisseurs philippins

Mes douleurs restaient vives. Les traitements contre la spondylarthrite ankylosante s'avéraient totalement inefficaces. Aujourd'hui, je dirais merci, parce que s'ils avaient apporté une amélioration, je n'aurais pas découvert ce que je vais vous expliquer.

Puisque personne ne pouvait me soulager, j'ai décidé de guérir. Je ne savais pas ce que j'allais devoir faire, je ne savais pas combien de temps cela prendrait, je ne savais pas quelle serait l'issue, mais je savais une chose : je voulais guérir, quoi qu'il m'en coûte. J'étais prête à tout faire pour cela, même à aller voir des guérisseurs à l'autre bout de la planète.

Je venais d'être maman, je ne pouvais donc pas m'absenter trop longtemps. J'ai commencé à prendre des compléments alimentaires, de la vitamine C à forte dose, des vitamines B, de la vitamine E, des plantes pour soulager mes douleurs. J'ai fait beaucoup de choses, et petit à petit les douleurs se font faites moins intenses, dans la journée. La nuit, en revanche, impossible de dormir plus de trois heures ; le feu dans ma colonne vertébrale revenait inlassablement, comme une torture. Chaque nuit, je me levais pour déverrouiller mon corps. Je finissais par me recoucher quelques heures avant que la souffrance, comme une plaie ouverte dans mon dos, me coupe la respiration. Le matin lorsque je me levais, j'avais le sentiment d'être passée sous un rouleau compresseur pendant la nuit. Je marchais sur la pointe des pieds pendant plusieurs minutes, impossible de poser les talons à terre tant la sensation de décharge électrique était vive. Le moindre mouvement était un supplice de plus, mais ma motivation restait intacte. J'allais guérir, coûte que coûte.

J'ai décidé de partir aux Philippines pour y rencontrer les guérisseurs qui opèrent (« au père ») à mains nues. Lorsque j'ai débarqué à Manille, pour quinze jours, une partie de moi était excitée à l'idée de découvrir cette médecine et de guérir (je venais pour ça !), tandis qu'une autre, plus sceptique, me poussait à scruter, analyser. Je me disais : s'il y a vraiment des guérisseurs capables d'extraire la maladie, ça se saurait depuis longtemps. Et tout le monde viendrait ici. J'allais vite me rendre compte que d'autres se posaient les mêmes questions que moi.

À notre arrivée aux Philippines, la chaleur est intense mais douce, l'air semble nous souhaiter la bienvenue. Le personnel local, souriant et bienveillant, prend soin de tout : nos bagages, notre confort... Nous sommes neuf à nous diriger vers le van qui nous emmènera vers l'hôtel, après plus de vingt heures de vol. Épuisés mais heureux, nous foulons enfin cette terre sacrée, guidés par un même espoir de guérison ou d'apaisement intérieur. Beaucoup sont en effet venus ici poussés par un mal physique ou un profond mal-être. Certains dorment, d'autres posent mille questions. Moi, je reste en retrait, observant, pensant à mes proches restés en France. C'est un déchirement d'avoir quitté mon mari et mes filles, mais pour la première fois, je m'accorde du temps, à 10 000 km de chez moi. Petit à petit, l'excitation reprend le dessus. Voyager a toujours été une passion, un moyen d'aller à la rencontre de l'humain, de comprendre d'autres modes de vie. Ce goût pour l'ailleurs m'a appris à relativiser et revoir mon échelle des valeurs : ici, ceux qui ont peu donnent beaucoup, avec le cœur.

Nous sommes intrigués et un peu apeurés par ce qu'il va se passer. Nous nous sommes renseignés, et ce que nous avons appris dépasse tout ce que notre esprit cartésien peut imaginer : les guérisseurs philippins opèrent à mains nues, sans aucun outil chirurgical. Leurs doigts pénètrent le corps pour en retirer les tissus pathologiques, sans la moindre incision visible, sans provoquer de douleur et sans aucune cicatrice. C'est bien loin de nos paradigmes occidentaux... Cela paraît tout simplement incroyable.

La particularité des guérisseurs philippins est qu'ils ne se posent aucune question sur l'accomplissement de leur mission de vie. Contrairement à nous qui remettons sans cesse en cause les signes envoyés, revendiquons de ne croire en rien ou seulement en ce que nous voyons, eux croient en tout. Comme les chamans, ils respectent tout être vivant ; certains semblent directement connectés à la Source, au Divin. La plupart d'entre eux sont catholiques. Ils prient Jésus rédempteur et guérisseur et non le Jésus souffrant sur la croix. Certains guérisseurs semblent canaliser Jésus, ils sont capables de transmettre des messages très personnels à leurs patients. Ils voient immédiatement les endroits du corps en demande, les priorités, et leurs mains entrent dans le corps sans provoquer aucune douleur. Et sans anesthésie préalable. C'est très impressionnant. Nos paradigmes tombent, l'émotion nous submerge. Eux font ce qu'ils doivent faire, puis s'en remettent à Dieu. Ils n'ont pas la prétention de tout guérir, mais ils donnent un sérieux coup de pouce au destin dans plus de 80 % des cas, selon une étude faite par des scientifiques sur la pratique du célèbre soignant philippin Alex Orbito.

J'ai diffusé plusieurs vidéos consacrées à ces guérisseurs sur ma chaîne YouTube. Beaucoup d'internautes m'ont ensuite contactée pour avoir des adresses. Nous sommes nombreux à vouloir guérir, à chercher cette guérison à l'extérieur de nous, à espérer trouver le guérisseur providentiel, mais il ne faut pas oublier que nous devons faire notre part du chemin, et je ne parle pas du chemin pour se rendre aux Philippines. Pour les personnes qui restent dans leur non-croyance en l'humain, dans la non-confiance en la vie, en la Source, en la création céleste, il sera compliqué de trouver une issue favorable.

Ce qu'il faut retenir, c'est que ces chirurgiens sont en capacité de faire entrer leurs mains dans des corps pour en retirer les tissus malades ou les racines de maladie parce qu'ils ont la foi.

La foi en des êtres de Lumière, la foi en un Dieu, en plus grand qu'eux. Ils croient et ça fait toute leur force. Ils croient, mais il ne s'agit pas de croyances, ce sont des certitudes. La phrase qui résume le mieux leur pouvoir est celle-ci : ils ne se posent pas de questions et ils le font. Ce sont des êtres humains totalement dévoués aux autres.

Ces guérisseurs ont contribué à ma remise en santé, mais il me restait encore du chemin à parcourir. Je ne suis pas revenue guérie totalement. Toujours est-il que ce qu'ils font est remarquable.

Durant mes formations, chaque fois qu'un thérapeute me parlait d'une consultation durant laquelle il avait reçu des signes, un défunt s'était présenté, il avait été question d'une vie passée, ou s'il m'expliquait être entré en transe, je me disais qu'il voulait se rendre intéressant et que tout ça sortait de son esprit certainement très créatif. Je ne voulais pas y croire. Je niais cette réalité. Maintenant, je me rends compte que c'était parce que j'en avais peur. La peur nous aveugle, elle nous empêche de voir la mouche posée sur le bout de notre nez. L'Univers a dû frapper fort pour que j'ouvre les yeux. J'ai été amenée à assurer plus de 1 000 consultations pour adultes ou enfants par an, pendant plus de douze ans. Je vais vous en raconter quelques-unes, qui certainement vont vous surprendre, tout autant que j'ai été moi-même surprise sur le moment. Mais petit à petit, la graine semée pendant mon voyage aux Philippines a grandi.

Mes clients ont été mes maîtres. À travers eux, j'ai grandi, j'ai appris et compris des choses fabuleuses, notamment que notre âme est immortelle, puissante au-delà de toutes limites, sauf celles que nous nous imposons consciemment ou inconsciemment.

PARTIE 2

# Ces signes de l'au-delà que je ne pouvais plus ignorer

## La graine était semée

Au cours de mon enfance, j'ai vécu le début de quelque chose que j'ai vite rangé dans ma mémoire, c'était tellement dissonant avec ce que je vivais alors. Ma maman m'avait raconté une histoire incroyable (« un croyable »). Lorsqu'elle était petite, elle dormait dans la chambre de sa grand-mère avec sa sœur cadette. Elle s'est réveillée une nuit, les yeux embués, mais a eu la vision d'une femme vêtue de blanc, avec les cheveux longs jusqu'aux fesses, blancs et lisses, comme sa grand-mère. La silhouette faisait des allers-retours devant la fenêtre. Lorsque ma maman l'a vue, cette femme s'est avancée vers elle. Maman a d'abord pensé que c'était sa sœur qui s'était levée dans la nuit, mais en passant la main dans le lit, elle a senti son corps endormi. Elle l'a alors réveillée, terriblement angoissée, et toutes les deux ont vu la silhouette s'avancer vers elles. Elles se sont mises à crier et à courir dans le couloir, réveillant ainsi leurs parents. Lorsqu'elles ont raconté cette histoire à leur maman, celle-ci leur a répondu : « Elle ne vous aurait fait aucun mal, elle venait simplement voir si vous alliez bien. »

Ce récit mystérieux a marqué mon enfance, il revenait régulièrement dans les discussions animées lors des repas de famille. Ma mère et ma tante, devenues adultes, se questionnaient toujours : était-ce leur imagination d'enfants qui s'était emballée ?

J'ai eu un autre signe, adolescente, alors que je travaillais tout en poursuivant mes études. J'avais réellement besoin d'argent pour mettre de l'essence dans mon scooter et aller faire des petits ménages à droite et à gauche chez des personnes âgées. J'ai manifesté cette demande alors qu'avec mes parents et grands-parents, nous nous rendions à une foire. J'étais vraiment sincère, je demandais cet argent avec foi, avec émotion, et alors que j'avais fini par penser à autre chose, j'ai trouvé une liasse de billets par terre, 350 francs au total, une petite fortune pour moi qui devait travailler quatre heures pour gagner 120 francs à l'époque. C'était un cadeau du Ciel. Sur l'instant, je n'ai pas réalisé, mais je sais maintenant que j'avais réussi à donner vie à mon souhait, si ardent, grâce à la loi de la manifestation. Mon intention était bonne, mon émotion était intense, mon souhait s'est matérialisé. Nous avons des superpouvoirs, dont celui de manifester nos souhaits, bons ou mauvais, d'ailleurs.

# De l'empathie à l'intrication : le cas de Gabriel

En 2011, lorsque j'ai ouvert mes premières consultations, je souffrais, surtout la nuit. Le jour, lorsque je n'avais pas de crise inflammatoire, je recevais des personnes en recherche d'une solution à leur propre souffrance. J'ai commencé à vivre des phénomènes qui m'ont beaucoup interpellée sans pouvoir m'expliquer ce qu'il se passait.

Je recevais chez moi, n'ayant pas encore d'endroit où installer mon cabinet. Un jour, arrive Gabriel, un jeune homme de 17 ans, très anxieux, qui avait de l'eczéma surtout au niveau du visage et du crâne. Je commençais à pratiquer et mes séances n'étaient pas aussi rodées qu'aujourd'hui. J'ai cependant réussi à trouver une racine à sa problématique : il se prenait beaucoup la tête pour réussir et ne surtout pas décevoir ses parents. « Ex aima », « ex aimé » : son eczéma exprimait sa peur de ne plus avoir l'amour de ses parents s'il échouait dans ses études.

J'étais particulièrement contente de cette séance, et Gabriel est reparti avec le sourire aux lèvres, son apaisement se voyait à l'œil nu. Deux jours plus tard, il m'appelle pour me signaler que depuis notre séance il a la diarrhée. Je lui demande de revenir. En travaillant avec lui, je suis emplie d'amour et de compassion, je suis empathique, je comprends ses peurs, je les ressens même. La peur, lorsqu'elle est très forte, peut générer la diarrhée. Lors de la première consultation je n'avais manifestement pas évacué toutes les racines de la mémoire de cette peur des cellules de

Gabriel. Je travaille donc à nouveau avec lui, qui repart tout heureux de sa séance, débarrassé de son mal au ventre.

Cependant, juste après la séance, c'est moi qui suis obligée de courir aux toilettes : j'ai la colique. Pour vérifier si ma pensée était exacte, je lui envoie un message : « J'imagine que tu n'as plus de diarrhée ? – Non, en effet », me répond-il. J'avais bien pris sur moi son symptôme.

Après plusieurs consultations de la sorte, mon mari a fini par s'inquiéter : « Tu es déjà malade, tu souffres beaucoup et tu prends le mal des autres ? Ça ne peut pas continuer comme ça. » J'étais bien d'accord avec lui. J'ai fait un pacte avec l'Univers et mes guides. Je leur ai dit que je voulais bien aider les autres, mais qu'il fallait qu'ils m'aident, eux aussi, à libérer les souffrances autrement qu'en passant par moi. J'ai demandé leur protection. Et ce phénomène, dont j'ai appris plus tard qu'il se nomme « intrication quantique », s'est arrêté immédiatement.

J'en connais une autre qui sait très bien faire cela. Elle s'appelle Chipie, c'est mon petit cavalier King Charles de couleur rubis. Elle est adorable. Parfois, quand mes douleurs au dos étaient insoutenables, elle se mettait elle aussi à hurler de douleur. Le vétérinaire m'a montré les endroits où elle souffrait, c'étaient exactement les mêmes que moi. Je me sentais soulagée quelque temps, mais la douleur revenait vite. Dernièrement, j'ai eu un orgelet à l'œil droit. Le lendemain matin, Chipie avait l'œil droit tout infecté. Nos animaux sont particulièrement doués et pratiquent facilement l'intrication quantique puisqu'ils nous aiment d'un amour inconditionnel.

J'ai découvert par la suite l'explication de ce phénomène. Puisque nous sommes un, une conscience incarnée dans un corps, lorsque nous rencontrons une autre conscience incarnée dans un corps et qu'il existe une forte empathie entre elles, une envie d'aider avec un amour sans condition, ces deux consciences peuvent fusionner, et le mal, la douleur, le symptôme peuvent alors changer de conscience. Lorsqu'elles défusionnent, la conscience saine repart dans son corps avec le mal de l'autre conscience.

Ces premières séances où j'ai pris sur moi le mal des autres m'ont fait comprendre qu'il y avait des sujets que je ne maîtrisais pas encore et que je devais apprendre pour grandir en compétences et en conscience. L'énergie de souffrance pouvait ainsi passer d'un corps à un autre : je trouvais cela incroyable. Mais je devais aussi apprendre à me protéger.

# Camille se réveille en sachant jouer du violon

Camille m'est envoyée par l'une de ses amies. Elle a une chevelure rousse flamboyante, elle est très jolie mais ne semble pas le savoir. Du haut de ses 22 ans, elle cherche ses mots et ne sait pas comment raconter ce qui lui est arrivé.

Après avoir obtenu son baccalauréat, elle est partie en Irlande pour y faire ses études. Lorsqu'elle est arrivée là-bas, elle a pleuré pendant des jours et des nuits tant ses parents lui manquaient. Puis un matin, elle s'est réveillée en sachant jouer du violon et faire des pointes et virevolter comme une danseuse de ballet alors qu'elle n'avait jamais appris ces disciplines.

Par mes lectures et durant mes formations, j'avais entendu parler d'âmes qui pouvaient parasiter une personne, mais je ne voulais pas croire que cela était possible. J'allais découvrir que ce ne sont pas des délires de gens perchés mais bien une réalité.

Durant son séjour en Irlande, Camille a ressenti une longue et profonde tristesse. À aucun moment elle ne s'est sentie joyeuse. En pareil cas, mais aussi quand on ressent de la peur, de la haine, du ressentiment ou une envie de vengeance, une faille peut se créer dans l'aura, et des êtres non incarnés, des âmes errantes, peuvent y entrer, ne sachant comment faire pour sortir de l'errance. À l'inverse, la bonté, la joie, l'amour, la compassion, créent de la Lumière et une protection naturelle contre ces intrusions parasites.

Une personne qui n'a pas compris qu'elle est décédée, qui pense toujours être en vie, peut se coller à l'âme d'une personne incarnée pour utiliser son énergie, son corps, et profiter de la vie comme avant.

Camille a été la première cliente avec laquelle j'ai parlé des entités parasites. J'ai senti que je ne pouvais pas lui cacher l'existence de ces phénomènes. En même temps, je n'assumais pas pleinement, j'avais peur qu'elle me juge ou qu'elle me prenne pour une folle. Lorsque malgré tout je lui ai dit qu'une bonne âme, l'âme d'une artiste, une danseuse qui jouait du violon, était très probablement entrée en elle, elle m'a crue. Elle m'a même confié avoir fait des recherches et découvert qu'une femme à la longue crinière rousse, comme elle, avait vécu dans les années 1800 dans ce même coin d'Irlande, et qu'elle était connue pour ses talents de danseuse et de musicienne. Je n'en croyais pas mes oreilles ! Camille avait d'elle-même retrouvé la trace de l'être désincarné qui était dans son corps physique et ses corps subtils. Je lui ai dit qu'il fallait absolument qu'elle consulte une personne capable de retirer cette entité et de la faire monter dans la Lumière. Je n'avais pas les compétences pour le faire.

Je n'en étais qu'aux balbutiements de mes apprentissages. Je comprenais à peine que notre âme est reliée par un cordon d'argent à notre corps physique et que lorsque le corps s'arrête de fonctionner, ce cordon d'argent se rompt. C'est pourquoi il est impossible d'entrer à nouveau dans le corps physique. C'est pour cela que le corps dépérit. Sans conscience, sans âme, il ne peut plus fonctionner. L'âme peut ensuite monter au Ciel ou rester en errance entre deux mondes, comme cela a été le cas pour l'entité qui parasitait ma jeune cliente.

Camille s'est mise à trembler, elle m'a avoué son angoisse. Je lui ai dit que cette âme était bonne, qu'elle ne lui voulait pas de mal, qu'elle n'avait juste pas compris qu'elle avait quitté son corps et qu'elle ne pouvait plus y entrer à nouveau. Cette âme ignorait qu'elle prenait l'énergie de Camille et qu'en restant trop longtemps, elle pourrait la rendre malade.

Camille n'a pas voulu suivre mes recommandations. Elle n'est pas allée consulter et malheureusement, une semaine plus tard, j'ai appris par son amie qu'elle avait été admise dans un hôpital psychiatrique. Son cas ne relève pas de la psychiatrie, mais d'un domaine autre qui est occulté en France. Contrairement à d'autres pays, nous n'avons pas avancé sur ce sujet, et il y a beaucoup de personnes comme Camille dans les hôpitaux psychiatriques. Bien sûr, il y a aussi des gens qui ont besoin de soins et d'autres qui ont perdu la raison, mais pour Camille, c'était tout autre chose.

Après ce rendez-vous, j'ai compris que j'avais été maladroite. Même si Camille avait déjà fait un pas toute seule, je n'aurais pas dû lui annoncer aussi directement ce qui s'était passé et ce qu'elle devait faire. Dans les consultations suivantes, j'ai pris toutes les précautions qui s'imposaient pour parler du monde de l'invisible et de ces manifestations à ceux qui n'avaient jamais entendu parler de ces sujets. J'ai revu ma manière de penser, de parler et d'agir.

Je devais vivre cette expérience pour qu'ensuite la magie opère (« l'âme agit au père »). Rétrospectivement, je me souviens que, moi aussi, j'ai dû vivre expérience sur expérience, consultation après consultation, pour comprendre que la mort n'est pas la fin de la vie.

# Le message venu de l'autre côté

Lorsqu'il arrive dans mon cabinet, accompagnée de son épouse, Michel affiche une bonhomie naturelle et un sourire rayonnant. Il vient me voir pour arrêter de fumer. Dès le début de la consultation, je lui explique une chose essentielle : la cigarette est souvent liée à la relation avec la mère. Il est réunionnais et a perdu sa maman, restée sur l'île alors que lui vivait en France. Il se sent frustré de ne pas avoir passé assez de temps avec elle avant son départ pour l'au-delà.

Je lui explique que lorsqu'un bébé naît, il n'a jamais connu la faim. Dès qu'il sort du ventre de sa mère, son premier réflexe est de chercher le sein ou le biberon pour retrouver son odeur, son contact, et apaiser son besoin vital de sécurité et de réconfort. À l'âge adulte, tout ce que nous portons à notre bouche est inconsciemment lié à cette première expérience. Les fumeurs le savent bien : la première cigarette détend, relâche les muscles, donne une sensation de bien-être… exactement comme un bébé qui s'endort après avoir tété. Ce qui n'est pas le cas pour les cigarettes suivantes.

Après cette explication, Michel m'a parlé de sa maman. Nous avons travaillé ensemble avec une technique de libération émotionnelle pour évacuer sa frustration, sa douleur et la difficulté qu'il avait à faire son deuil. Je pensais que la séance touchait à sa fin quand soudain, alors que je m'étais levée, j'ai ressenti une boule dans ma gorge. Quelque chose n'était pas encore digéré, je le sentais et j'entendais « ce n'est pas fini ». Je me demandais si c'était mon mental qui me « parlait ». Je n'ai pas écouté. Je ne m'attendais absolument pas à vivre ce qui allait suivre.

Malgré l'avertissement, j'ai dit à Michel :

— Tu peux aller chercher ta femme (elle l'attendait dans la salle d'attente).

Il s'est dirigé vers la porte et au moment où il a posé la main sur la poignée, il a reçu une décharge électrique si forte que la serrure s'est cassée. Nous avons entendu une déflagration et vu une énorme étincelle dans sa main. Puis, impossible d'ouvrir la porte !

J'ai tout de suite compris le message :

— Ce n'est pas fini. Rassieds-toi, s'il te plaît.

Surpris, un peu désemparé, il a obéi et ressenti, lui aussi, une oppression dans la gorge.

— Oui, c'est vrai… il y a encore quelque chose. Nous devons terminer.

Il restait un dernier nœud émotionnel, un dernier chagrin qu'il n'avait pas digéré, qui lui restait en travers de la gorge, concernant sa maman.

— Ne t'inquiète pas. Il se passe souvent des choses étranges ici. À mon avis, c'est ta maman, qui devait avoir du caractère, qui nous envoie un message : *ce n'est pas fini.*

Nous avons repris la séance et continué le travail d'introspection jusqu'à ce que je ressente, chez Michel comme chez moi, que tout était réellement terminé.

Sa femme, qui nous attendait et avait entendu le bris de serrure, commençait à s'inquiéter. Nous sommes passés par l'extérieur pour la rejoindre. Et j'ai dû faire réparer ma serrure !

Depuis des années, Michel ne fume plus. Il n'en ressent plus l'envie. Grâce à sa maman, grâce à la libération émotionnelle, mais surtout grâce à lui et à sa volonté de se libérer de cette dépendance, il a pu se sevrer définitivement du tabac. Fumer n'est pas anodin. Certains disent que chaque cigarette nous enlève sept minutes de vie. Pour ma part, je pense que c'est un geste inconscient lié à la séparation, un mini-suicide, un appel à rejoindre quelqu'un qu'on a perdu ou à montrer un mal-être existentiel (« existence-ciel »). Une chose est certaine : la maman de Michel veillait sur lui. Elle a trouvé un moyen de nous faire comprendre qu'il restait encore une étape à franchir avant que son fils puisse pleinement se libérer.

Ce rendez-vous m'aura montré que les voix que j'entends sont bien réelles et que je dois les écouter, même si à chaque fois je ressors secouée. Et j'ai compris que les défunts peuvent parfois utiliser des moyens très concrets voire explosifs pour se faire comprendre !

# C'est avec Stéphane que tout a vraiment commencé

C'est un grand et beau jeune homme brun qui se présente un après-midi d'hiver. Le jour avait été clair, la nuit venait de tomber et il faisait un froid glacial à l'extérieur. Assise bien au chaud derrière mon bureau, j'entends la porte de la salle d'attente s'ouvrir et se refermer. Je me lève pour aller l'accueillir. Très empathique, je ressens sa tristesse lorsqu'il passe devant moi. Une tristesse lourde. Je ne sais pas encore quel va être le sujet de cette consultation.

Il m'explique qu'il n'est pas très bien depuis quelques temps, il a souvent envie de pleurer ou bien il entre dans des colères terribles. Ce n'est pas sa nature, il a du mal à se reconnaître, tout comme son entourage. Il a une compagne, un travail qui lui plaît beaucoup, la seule ombre au tableau est qu'il vient de perdre son papa. Il a à peine commencé à m'en parler que des larmes coulent le long de ses joues. Son père a souffert d'un cancer pendant trois ans. Il a supporté des traitements invasifs et malgré sa volonté de guérir, il s'en est allé.

Stéphane est très affecté, tout comme sa maman et sa sœur. Son papa était un pilier dans la famille, il était très aimé et respecté. Cette absence et la tristesse de sa maman qui se retrouve désormais veuve le torturent. Très proche de ses deux parents, il a voulu se montrer fort au décès, puis pendant les obsèques. Il a intériorisé toutes ses émotions, qui ressortent maintenant par bribes de temps en temps.

Il plante ses yeux dans les miens et me dit :

— Vous allez me prendre pour un fou, mais il faut que je vous dise quelque chose. Ça m'interroge encore aujourd'hui et je me demande ce que cela signifie.

Je l'encourage à se livrer en toute confiance.

— Lorsque mon père est décédé, ma sœur et moi avons décidé d'aller dormir chez ma mère pour ne pas la laisser seule. Le jour des obsèques, à 3 heures, alors que nous dormions dans des chambres différentes, nous avons tous entendu frapper à la porte. C'est lors du déjeuner que nous nous sommes parlé de ce phénomène qui, depuis, nous interroge.

Je l'invite à me dire ce qu'il attend de moi.

— J'attends que vous puissiez m'expliquer ce qu'il s'est passé.

— Est-ce que vous vous êtes levé pour ouvrir la porte ?

— Non, personne ne l'a fait. Pas besoin de se lever, nous savions qu'il n'y avait personne derrière.

— D'accord, mais qui a frappé à la porte d'après vous ? J'ai bien une petite idée, mais j'aimerais avoir votre point de vue.

— Étant donné que nous étions tous dans nos lits, ma mère, ma sœur et moi, quand ça frappait à la porte et que chacun l'a entendu à 3 heures, nous avons pensé que c'était mon père qui nous faisait signe.

Tandis que Stéphane m'explique cela, la température dans mon bureau commence à baisser. C'est comme si nos sièges étaient installés dehors, le froid et l'humidité tombent sur nos jambes, nos pieds, nos bras, nos têtes. Je me demande si mon chauffage est en panne. Je me lève pour aller voir le thermostat : il affiche 21 °C. Je me retourne vers Stéphane :

— Je croyais que mon chauffage était en panne. Avez-vous senti une différence de température dans la pièce ?

— Oui, effectivement, je sens le froid qui me tombe dessus.

— Avez-vous une idée de ce qui est en train de se passer ?

— Oui, c'est mon père. Il est ici avec nous.

Je confirme par un hochement de tête. C'est alors que j'entends une voix qui me dit que je dois faire passer l'âme du papa de Stéphane dans la Lumière. Comme d'habitude, j'ai compris après coup que c'étaient mes guides qui me parlaient. Je refuse de faire ce qu'ils me demandent. Ce dialogue est intérieur, je ne montre rien à Stéphane.

Jusqu'à ce jour, chaque fois qu'une âme s'était présentée ou que j'avais vu une personne parasitée par une âme errante, je l'avais dirigée vers quelqu'un de capable de faire monter les âmes. Je n'avais encore jamais voulu le faire moi-même. Mais cette fois-ci, mes guides insistaient en m'assurant que j'en étais capable, que je devais le faire. Ils me montreraient la procédure. Je ne suis pas très contente, parce que j'ai horreur d'être mise devant le fait accompli. La voix est intransigeante mais très bienveillante et je sens un amour infini. Je comprends rapidement que je n'ai pas le choix.

Il fait de plus en plus froid dans la pièce alors que le thermostat affiche toujours 21 °C.

Je m'adresse à Stéphane :

— Vous avez raison, votre papa est ici dans la pièce, prisonnier entre deux mondes. Il n'est plus incarné dans son corps, mais son âme est toujours là. Il n'est pas monté dans la Lumière parce qu'il ne voulait pas vous abandonner, et peut-être aussi parce que vos émotions à tous étaient tellement lourdes qu'il n'a pas pu monter. Mais aujourd'hui, il sait que vous avez compris qu'il est toujours à vos côtés et il est prêt à monter. Nous allons pouvoir le faire ensemble, si vous êtes d'accord.

Stéphane est très ému. D'un côté, il est triste, et de l'autre heureux de savoir que son papa est là, que son âme est immortelle.

La voix me demande d'aller chercher le bol tibétain vert que m'avait fait acheter ma fille aînée deux mois avant mon voyage aux Philippines. Je ne comprenais pas pourquoi elle insistait car j'avais déjà un bol tibétain en laiton. Lorsque je l'avais pris dans mes mains pour le faire chanter dans le magasin, le son était incroyable, d'une telle puissance et d'une justesse ! Ma fille avait dans les yeux une détermination que je n'avais jamais perçue jusqu'alors, comme si elle était habitée. J'avais donc succombé à la tentation et répondu à cet ordre divin.

Stéphane est assis confortablement dans son fauteuil de consultation. Je lui demande de fermer les yeux et de demander à l'âme de son papa de venir en face de lui. Je l'invite à dire absolument tout ce qu'il a besoin de dire à son papa avant qu'il parte, tout ce qu'il n'a pas pu lui confier, et de le faire par télépathie pour qu'il puisse se livrer pleinement, sans crainte ni gêne de le faire devant moi. J'attends respectueusement son signal avant de commencer à faire chanter mon bol. Les larmes coulent en avalanche sur ses joues blanches freinées par les poils de sa barbe mal rasée qui lui donne un air plus mature.

Puis, d'un hochement de tête, il me prévient qu'il est prêt à accompagner son papa dans la Lumière. Mon maillet en bois frôle le contour de mon bol tibétain, un léger grondement se fait entendre, l'amplitude augmente rapidement au fil des tours. Le son devient puissant et profond, l'amplitude est pleine et ronde, un battement se fait entendre comme un cœur qui bat au fil des tours de maillet. Les yeux fermés, j'indique à Stéphane la procédure : maintenant que son papa est lui aussi prêt, je prends contact avec lui. Il se fait sentir, je ne le vois pas, mais je le ressens. Je dis à Stéphane de prier et de demander l'ouverture de ce portail quantique dans lequel son papa va passer.

Notre demande commune provoque l'ouverture d'une faille emplie de lumière blanche immaculée. Un blanc qui n'existe pas ici-bas, une intensité de lumière qui n'aveugle pas, avec des ondes hautes et enveloppantes d'amour.

Le son de mon bol est à son paroxysme lorsque la Lumière apparaît.

— Stéphane, ton papa est attendu. Il est prêt à passer dans l'au-delà, il passe.

Le son du bol diminue alors que je tourne toujours le maillet contre le bol avec la même puissance.

— Il monte, ça se referme derrière lui.

Le son diminue encore pour ne plus faire qu'un petit filet à peine audible.

Stéphane est apaisé. Il a beaucoup pleuré d'avoir eu le privilège d'accompagner son papa de l'autre côté.

Celui-ci m'indique en clairaudience qu'il est bien arrivé et qu'il nous remercie. Il semble heureux et accompagné. C'est une paix totale qui émane de lui.

Je suis très émue par ce qu'il vient de se passer, comme sonnée, et je commence à m'interroger. Mais avant de laisser le mental me submerger, je pense à Stéphane.

— Comment allez-vous, Stéphane ? Comment avez-vous vécu ce qu'il vient de se passer ?

À ma grande surprise, nous avons vu, entendu et ressenti les mêmes choses. Je suis stupéfaite ! Il me dit qu'il a vu quand la Lumière s'est ouverte et lorsque son papa est monté. Il me confie son émotion :

— C'était tellement beau. Je me sens en paix, je sais que je le reverrai quand ce sera le moment pour moi. Désormais, je sais qu'il est toujours là, et cette fois-ci, il peut vraiment veiller sur nous de là-haut.

Son papa lui a donné ce message en partant : « Je t'aime, mon fils, pour l'éternité. Je serai toujours auprès de toi. » Je lui passe ce message, mais il me dit l'avoir lui-même entendu. Il essuie ses yeux humides et semble tout à fait tranquille. Il se lève. Nous remarquons que la température est redevenue normale dans mon bureau.

Stéphane repart le cœur léger, avec la conviction d'avoir fait ce qu'il fallait pour aider son papa. Et la certitude que son âme l'accompagnera et le protégera lui, sa maman et sa sœur, comme un ange gardien.

Dès la porte de mon bureau refermée, mon mental se met à tourner à pleine vitesse. C'est ma dernière consultation de la journée et j'en suis très heureuse. Je ferme mon cabinet rapidement après avoir mis de l'encens à brûler. Je cours à la maison, mon mari est en train de mettre la table. Il est plus de 19 h 30, les petites bouches affamées de mes filles vont bientôt descendre de leurs chambres.

J'embrasse mon mari fébrilement et lui confie mon angoisse :

— Chéri, je crois que je suis devenue folle. Je viens de faire passer une personne décédée dans l'au-delà. Elle était coincée entre deux dimensions, en errance.

Mon mari, tel un grand sage, me répond en prenant les assiettes dans le placard :

— Tu n'es pas folle, tu as juste passé un cap.

Lui qui ne croit en rien de tout ça, j'en reste bouche bée ! J'en reparlerai plus tard avec lui et il me dira ne pas se rappeler ce qu'il a dit à ce moment-là, comme si un être de Lumière ou le grand sage qui est en lui avait parlé à sa place. Cette phrase aura eu le mérite de me faire comprendre qu'effectivement, je venais de passer un cap, celui d'accepter de travailler avec l'invisible et les défunts.

Malgré ce que je venais de vivre, j'avais toujours des doutes. Je me demandais si j'avais rêvé, si je me faisais des idées ou si tout cela était bien réel. De consultation en consultation, mes doutes allaient de plus en plus s'effriter.

# L'infirmière et le tiroir qui s'ouvre tout seul

En accueillant Sylvie, je découvre une femme de taille moyenne, aux cheveux blonds, très courts, et je perçois tout de suite une certaine angoisse chez elle. Peut-être est-elle stressée à l'idée de me confier des choses personnelles, comme la plupart des consultants qui viennent me voir. Je vais tout faire pour la rassurer. Je lui explique mon métier. « Vous êtes ici accueillie dans la bienveillance, le non-jugement, l'authenticité et l'écoute active, lui dis-je. Je vais vous écouter sur deux plans : le plan conscient et inconscient. L'inconscient est un disque dur qui tourne en permanence chez chacun d'entre nous. Je suis une petite femme de ménage, je fais du tri dans ce disque dur de l'inconscient. Ensemble, nous allons enlever les émotions reliées à des événements douloureux qui se sont passés dans votre vie, peut-être à votre naissance ou lorsque vous étiez dans le ventre de votre maman. Ils peuvent aussi être en lien avec des mémoires de vos ancêtres, ou d'autres vies. »

Je l'invite à m'indiquer sa profession. Elle est infirmière dans un hôpital tout proche. Elle est mariée et a deux enfants. Tout va très bien pour elle, mais elle a vécu une situation qui la stresse au plus haut point. Je lui demande de m'expliquer.

— Vous allez me prendre pour une folle, commence-t-elle.

Lorsque la première phrase commence ainsi, je sais que nous allons parler de l'au-delà, de l'invisible. Je me dis intérieurement « ça y est, ça recommence », mais je m'empresse de rassurer la personne en lui précisant que je suis habituée et que tout va bien.

— Cela fait quinze ans que je travaille à l'hôpital, continue-t-elle. Je n'avais encore jamais vécu une situation comme celle-ci. Je n'ai pas compris ce qui s'est passé, je n'en dors plus la nuit.

Je lui indique qu'elle est en sécurité ici et qu'elle peut absolument tout me dire, que je suis habituée à entendre ce genre de propos. Effectivement, lors de mes formations, de mes consultations, de mes voyages, notamment aux Philippines, j'en ai entendu des histoires sur le monde invisible, sur les signes des défunts, mais celle-ci allait encore plus me surprendre.

Sylvie, rassurée, se lance :

— Nous venions d'accueillir une vieille dame en fin de vie. Elle souffrait, nous avons tout fait pour l'apaiser. Comme la procédure l'exige, nous avions enlevé ses bijoux et les avions rangés dans la table de nuit, à côté d'elle. Malheureusement, son état s'est dégradé très rapidement et elle est morte le lendemain de son hospitalisation. Au petit matin, lorsque ma collègue et moi sommes entrées dans la chambre, nous avons constaté son décès, alors que quelques heures avant, mes collègues de nuit étaient venues vérifier ses constantes et tout allait bien. Nous avons appelé la famille. Sa fille, catastrophée, nous a indiqué qu'elle arrivait.

J'ai préparé la dame pour que sa fille puisse la voir dans de bonnes conditions. Tandis que je coiffais la défunte, le tiroir de sa table de nuit s'est ouvert, comme si une main invisible intervenait doucement. J'ai refermé le tiroir fermement et entendu des objets métalliques bouger à l'intérieur. Je n'avais qu'une envie : sortir de la chambre en courant.

Mon cœur s'est mis à battre très fort. La peur me tordait le ventre, mais je ne pouvais pas sortir de la chambre. Une présence bienveillante et douce me retenait. Je restais là, comme prisonnière, prostrée devant le corps inerte de la patiente, et le tiroir s'est à nouveau ouvert, lentement. Mon cœur battait la chamade, mais cette fois-ci, j'ai regardé dans le tiroir et j'ai vu l'alliance de la patiente. Je l'ai prise et, tremblante, je l'ai passée au doigt de la vieille dame. À ce moment-là, l'emprise qui m'empêchait de sortir de la chambre s'est relâchée doucement.

J'ai senti que je pouvais m'en aller, mais j'ai décidé de finir de coiffer la patiente avant l'arrivée de sa fille et d'arranger le drap sur elle. Ensuite, je suis sortie.

Je ne comprends pas ce qui s'est passé. J'ai l'impression de devenir folle avec cette histoire. Je n'en ai parlé à personne, même pas à mon mari. Lorsque j'ai rejoint ma collègue, j'ai fait comme si de rien n'était.

— Je vous comprends tout à fait, Sylvie ! La patiente voulait simplement partir avec son alliance. C'était important pour elle, à tel point qu'elle a eu la force, même en étant sortie de son corps, de vous le faire comprendre.

— Vous voulez dire que c'est bien elle ? Que c'est bien la personne décédée qui a ouvert le tiroir ?

— Bien sûr. Qui d'autre ?

— Mais je ne comprends pas ! Dans ma formation, il n'a jamais été question de vie après la mort. Bien au contraire, on nous assure qu'il n'y a rien d'autre.

— Alors, comment pouvez-vous expliquer ce que vous avez vécu ?

Sylvie baisse la tête, ses mains viennent enserrer ses cheveux.

— Cela remet en question tous mes schémas de pensée. Vous voulez dire que lorsque quelqu'un décède, il est encore là, dans la pièce ?

— Oui. Pendant quelque temps, semble-t-il, l'âme rôde autour du corps, et cela jusqu'aux obsèques.

Cette dame a senti en vous la gentillesse et l'écoute dont elle avait besoin. Elle a lu en vous le fait de vouloir l'apprêter avant que sa fille la voie, cela a certainement été pour elle un grand soulagement. Elle en a profité pour vous demander ce qui était le plus important pour elle : partir avec son alliance.

Sylvie a baissé la tête ; de grosses larmes ont coulé sur son visage. Je voyais ses épaules se détendre, son thorax s'abaisser. Le stress et les peurs qu'elle avait ressentis prenaient enfin sens. Les mots sortaient de ma bouche tout seuls, comme dictés par un autre moi, peut-être notre moi supérieur relié au Divin. Je trouvais cela tellement beau et à la fois irréel.

Cette histoire a changé la vie de Sylvie. Elle a compris ce jour-là que la mort n'est pas la fin de la vie. Elle sait désormais que la conscience survit à la mort. Je pense qu'elle ne pratique plus son métier d'infirmière de la même manière, grâce à cette compréhension. Sylvie a retrouvé le sommeil et un sens différent à son travail.

Cette consultation m'a permis de comprendre que, même sortie du corps, l'âme peut faire bouger certains matériaux par la volonté. Depuis ce jour, j'ai très souvent pensé et parlé à mes clients de Patrick Swayze dans le film *Gosth*. Ce drame montre très bien qu'il est possible pour un esprit de renverser un objet sous le coup d'une grosse émotion. Le héros du film (joué par Patrick Swayze) est tué d'un coup de feu. Il se met à courir après son agresseur ne voyant pas que sa femme, interprétée par Demi Moore, tient son corps ensanglanté dans ses bras en pleurant et en appelant au secours. Lorsqu'il aperçoit la scène, il peine à comprendre et la Lumière s'ouvre pour venir le chercher, mais il ne la voit pas et ne veut pas quitter sa femme. Il va alors tout faire pour découvrir qui l'a tué, et même apprendre à déplacer des objets pour avertir sa femme du danger. Il est invisible pour tout le monde jusqu'à ce qu'il découvre qu'une médium peut l'entendre et transmettre ses messages. Il partira dans la Lumière après avoir éliminé l'homme qui voulait tuer celle qu'il aimait sur Terre. Ce film de 1990 sort-il de la tête d'un homme, Jerry Zuker, le réalisateur, ou bien a-t-il été inspiré, soufflé par des guides, un vécu ?

# Le message mystique du petit frère

Je me souviens encore du jour où j'ai ouvert la porte de ma salle d'attente à Élodie. Cette jeune femme brune aux cheveux coupés au carré souhaitait arrêter de fumer. Je lui avais expliqué au téléphone qu'avant toute séance d'hypnose, je cherchais à comprendre pourquoi la personne fume afin qu'elle ne tombe pas dans une autre dépendance. L'inconscient a horreur du vide ; s'il manifeste un symptôme, c'est qu'il a une raison de le faire. Élodie avait compris et accepté mon approche.

Lorsqu'elle entre dans mon bureau, elle est introvertie et je la sens anxieuse. Elle m'avertit qu'elle n'a jamais vu de praticien en relation d'aide ni consulté de psychologue, et cela l'effraie un peu.

J'ai l'habitude d'entendre ce genre de discours, et je le comprends tellement ! Lorsque j'ai rencontré ma thérapeute pour la première fois, j'ai éprouvé les mêmes émotions et j'avais les mêmes questions en tête. Je pensais d'ailleurs que personne ne pouvait m'aider. Je me suis bien trompée sur ce point.

Élodie s'assied en face de moi, après avoir scruté son environnement. Je me présente, comme à mon habitude, afin de la mettre à l'aise. Puis elle se lance et m'explique qu'elle fume depuis l'âge de 13 ans, qu'elle est accro et qu'elle pense que ça va être très difficile d'arrêter. Sa motivation est forte parce que sa fille de 13 ans commence à fumer. Elle veut le faire pour sa fille, mais pas forcément pour elle.

Je lui demande de fermer les yeux et de se concentrer sur son envie de fumer la première cigarette de la journée, cette envie irrépressible qui fait qu'elle est obligée d'y céder. Lorsque je lui demande à quel endroit du corps elle ressent ce besoin, elle désigne de la main ses poumons. Je lui propose de répondre sans réfléchir à quelques questions qui lui paraîtront peut-être bizarres. Je lui demande de mettre une couleur sur ce qu'elle ressent. Elle me dit spontanément : « Noir. » Lorsque je lui demande de donner une forme, elle me répond : « Rond. » Immédiatement, grâce à ma technique TEDMI, je sais que nous allons parler de mort, soit d'un deuil non fait, soit d'une peur de mourir, soit d'une envie de mourir.

Lorsque je lui demande si elle a déjà eu envie de mourir ou si elle a connu un deuil douloureux, à ma grande surprise Élodie éclate en sanglots. Elle me dit qu'elle ne veut pas en parler, qu'elle n'est pas là pour ça, qu'elle n'en a jamais parlé à personne. Avec beaucoup de compassion, je lui dis que je comprends, qu'elle est accueillie dans sa souffrance, et que la raison pour laquelle elle s'enfume est ici, qu'il est important de la libérer. Ce n'est pas l'événement qui est problématique, mais l'émotion qu'il a généré, et qui est resté coincée et qui la fait toujours autant souffrir.

Élodie s'apaise, et après une profonde inspiration commence à se livrer. Lorsqu'elle avait 10 ans, elle a eu l'immense joie d'avoir un petit frère. Elle a grandi dans une famille dysfonctionnelle, avec un papa alcoolique et violent. Lorsque son petit frère, Enzo, était encore un bébé et que son papa rentrait saoul, c'est elle qui prenait le bébé dans ses bras pour éviter que son père l'attrape. Elle essayait de le protéger des coups, des cris. Elle le couvrait comme l'aurait fait une maman.

Lorsque Enzo a développé un cancer, à 4 ans, c'est à nouveau Élodie qui s'en est occupée. Elle l'accompagnait en train jusqu'à Paris pour chaque chimiothérapie. Elle a pris soin de lui et lui a donné tout son amour pendant deux ans, jusqu'à son décès. Il venait d'avoir 6 ans, et elle 16.

Lorsqu'elle est venue le voir dans sa chambre mortuaire, elle a demandé à rester seule avec lui. Puis elle lui a parlé à voix haute comme ceci : « Enzo, j'ai besoin que tu me fasses un signe. J'ai besoin de savoir que tu es encore vivant quelque part, parce que sinon je te promets que je vais me suicider en sortant d'ici. Je te demande de me faire un signe. Par exemple, si je trouve un trèfle à quatre feuilles en sortant d'ici, je resterai en vie, je te le promets. »

Des frissons me parcourent en écoutant l'histoire d'Élodie. Je reste silencieuse pendant tous ses aveux. Elle continue :

— En sortant, j'ai cherché désespérément un trèfle à quatre feuilles, sans le trouver. Puis une de mes sœurs est venue me parler. Dans ces moments-là, on ne sait pas trop quoi se dire, on sort des banalités. En tournant machinalement la tête sur le côté, je l'ai vu, j'ai vu un trèfle à quatre feuilles ! Je l'ai cueilli et je l'ai encore. Vous allez me prendre pour une folle, mais je vous assure que c'est vrai.

Je lui assure que je n'ai aucun doute sur la véracité de ses propos. Je la crois et même je bois ses paroles. Je l'invite à poursuivre.

— Ces derniers temps, je traverse une période difficile. J'ai un fils qui a 6 ans que j'ai appelé Enzo. Il a le même caractère que mon frère. Il lui ressemble physiquement, il a les mêmes mimiques, c'est incroyable. Comme je ne me sens pas bien en ce moment, je suis allée sur la tombe de mon petit frère. Je lui ai expliqué ce que je vivais, et combien il me manque, que c'est difficile de le voir à travers mon fils, la ressemblance est tellement frappante. Je lui ai demandé un autre signe, par exemple un papillon qui pourrait venir se poser sur mon genou. Et alors que je continuais de parler à mon frère, j'ai vu un papillon noir et rouge, un gros papillon, venir se poser sur la tombe en face de moi. Je suis repartie déçue et un peu en colère, ce n'était pas le signe que j'avais demandé.

Contrairement à Élodie, je ne suis pas déçue. J'attends la suite avec impatience, sachant que l'au-delà est parfois farceur.

— Et là vous allez me prendre pour une folle, mais je vous assure que c'est vrai, continue-t-elle. Le lendemain, j'étais en train de cuisiner, il faisait beau, j'avais ouvert la baie vitrée. Mon fils jouait dehors, quand d'un seul coup, il m'appelle en criant : « Maman, viens vite, dépêche-toi ! » Je cours, affolée, et lorsque je vois mon fils, j'ai les jambes coupées : le papillon de la veille, le noir et rouge, est posé sur son doigt, et mon fils le regarde émerveillé.

Élodie cherche son portable en précisant qu'elle a capturé ce moment. Elle me montre les photos, puis elle relève sa manche et me dit : « Regardez, je me le suis fait tatouer. »

Je la regarde avec une grande joie, je suis très émue par son histoire. Et lorsque je lui demande ce qu'elle en a compris, elle me répond qu'elle ne sait pas. Je suis stupéfaite.

— Pardon, mais vous ne savez pas quoi ?

— Je ne sais pas ce que tout cela veut dire.

— Si, vous, vous ne savez pas, alors personne ne peut savoir ! Vous n'avez pas compris que votre petit frère est encore là ? Il est simplement invisible, mais il n'est pas absent. Il répond à toutes vos demandes, et en plus il est taquin.

— C'est vrai qu'il était très farceur. Il jouait tout le temps et riait souvent.

Élodie avait simplement besoin d'avoir une confirmation. Des signes pourtant clairs n'étaient pas suffisants, il lui fallait la validation d'une personne comme moi, qui travaille au contact des autres et qui entend ce genre d'histoires à longueur de journée.

Nous avons libéré ses émotions douloureuses, les traumatismes du passé en trois séances, et ensuite nous avons fait le protocole d'arrêt du tabac. Nous partions de loin parce qu'Élodie m'a avoué qu'elle avait également fumé des substances illicites. En fait, elle se suicidait à petit feu, terrassée par la mort de son petit frère.

Elle m'a confié, longtemps après, que lorsqu'elle m'avait vue arriver dans la salle d'attente, elle avait vu une boule de lumière blanche tout autour de moi. C'était la première fois qu'elle percevait l'aura de quelqu'un. Elle a su immédiatement qu'elle était chez la bonne personne, celle qui allait réellement l'aider. Sa confidence m'a quelque peu interrogée, et à la fois marquée. Je lui ai répondu qu'elle avait certainement des capacités extrasensorielles à développer. Tout le monde ne voit pas l'aura des autres. Si elle en était capable, c'est qu'elle devait en faire quelque chose.

L'histoire d'Élodie m'a énormément frappée. Elle m'a fait prendre conscience que les défunts sont capables de nous montrer certains signes, qu'ils sont là en permanence pour nous. Ils nous écoutent tout en étant ailleurs, reliés à la conscience divine, au grand Tout. Cette consultation m'a beaucoup appris, mes clients ont été mes maîtres.

Je recevais à l'époque 7 à 8 personnes par jour, et j'ai entendu énormément de récits de ce type. J'étais en apprentissage constant, *apprenti-sage*. j'aime beaucoup ce mot qui résume bien ce qu'il veut dire. Nous sommes tous des apprentis de la sagesse, et cela toute notre vie.

# Valérie fait fuir une entité

Valérie est venue me consulter pour mincir. Devenue kinésithérapeute, elle avait des amplitudes horaires importantes et s'est mise à grignoter dès qu'elle avait un moment. Son corps qui avait déjà tendance à l'embonpoint s'est alourdi. Valérie n'a pas encore la quarantaine, les cheveux bruns frisés, on lit la bonté sur son visage. C'est le genre de personne qui veut faire du bien aux autres et s'oublie totalement.

Elle est maman de trois enfants. Entre son travail et sa vie de famille, elle court tout le temps. Il reste peu de place dans sa vie pour se faire plaisir. Pourtant, notre corps et notre âme ont besoin de moments de pause, de respirations qui permettent d'évacuer le stress, de calmer notre mental, d'oxygéner nos cellules et aussi d'entrer en contact avec cette partie subtile de nous qui est reliée au Divin.

Nous vivons dans une société de consommation qui nous fait croire que le bonheur est à l'extérieur, dans la réussite, dans le travail, dans l'argent, alors qu'en fait, il est en nous. Je fais partie de ces personnes qui l'ont cherché pendant des années, et chaque fois que je pensais l'avoir trouvé, il m'échappait. Je croyais que la vie était dure, lourde à porter, parce que je ne savais pas que la vie est une énergie subtile. La vie est notre mère divine, elle nous aime inconditionnellement, elle ne nous juge pas et elle n'a pas les défaillances des mères terrestres. C'est elle qui nous a fait venir au monde et qui nous y maintient. La vie, ou la Source, l'Esprit, Dieu, peu importe comment on l'appelle, est en nous et tout autour de nous. Et il est de notre responsabilité de l'aimer autant qu'elle nous aime. De regarder en soi pour créer le bonheur que l'on mérite, tous.

Lorsque je tiens ce discours à Valérie, elle réalise qu'elle passe à côté d'elle-même, que son corps et son âme sont en train de le lui faire savoir en créant de l'embonpoint, des douleurs par-ci, par-là, comme pour lui dire : « Réveille-toi ! »

Valérie comprend également que ma pratique va bien au-delà du physique. Elle s'autorise alors à me parler d'une situation qui l'a beaucoup interpellée et qui fait que désormais elle sait avec certitude que nous sommes une âme incarnée dans un corps.

Durant ses études, elle a travaillé dans un l'hôpital, en salle de réveil. Les patients sortant du bloc opératoire sont emmenés dans cette pièce où des infirmières vérifient s'ils reviennent correctement, s'il faut les sédater ou leur prodiguer d'autres soins.

Dans cette pièce, trois ou quatre personnes sont présentes et Valérie m'explique qu'il y a aussi un tableau blanc sur lequel des feuilles sont fixées par des aimants. Tout près de ce tableau, l'une des patientes est très agitée ; elle commence à se réveiller et ne cesse de crier : « Laissez-moi tranquille, s'il vous plaît, laissez-moi ! » Les infirmières n'y prêtent pas vraiment attention, pensant que ce sont là les effets des produits anesthésiques.

La patiente s'agite de plus en plus, elle bouge dans tous les sens, en suppliant qu'on la laisse tranquille et en ajoutant : « Non, non, je ne veux pas ! »

Valérie n'avait que 22 ans lorsqu'elle a assisté à cette scène qui a duré environ dix minutes. Elle me dit : « Je ne sais pas pourquoi, mais à un moment, il a fallu que je crie à la personne invisible qui embêtait la patiente : « Partez, laissez-la tranquille, allez-vous-en, vous n'êtes pas bienvenu ici ! » Toutes les feuilles accrochées au tableau blanc sont alors tombées, les unes après les autres, comme si quelqu'un était passé derrière pour les décoller.

Les infirmières se sont regardées, les yeux écarquillés, ne sachant quoi dire. Aucune n'a parlé à Valérie de ce qui s'était passé. Chacune a repris ses activités comme s'il ne fallait surtout pas chercher à comprendre ce qui était incompréhensible.

Immédiatement, la patiente a cessé de s'agiter. Elle ne s'est plus exprimée, plus personne ne l'embêtait désormais, plus personne ne voulait envahir son aura. Valérie est allée auprès d'elle, lui a indiqué qu'elle était en sécurité et qu'elle pouvait se reposer.

Cette histoire m'a marquée parce que je pensais qu'on ne pouvait pas empêcher une âme errante de parasiter quelqu'un. Ce jour-là, grâce à Valérie, j'ai constaté que c'était possible. J'ai compris également que ces entités ne peuvent rien face à une âme incarnée qui n'a pas peur. Je sais désormais que ces êtres se nourrissent de la peur. Cela leur donne de la puissance, ils peuvent davantage se matérialiser, apparaître, faire bouger des objets, nous toucher ou nous faire croire qu'ils peuvent nous faire du mal.

# La petite âme qui ne savait pas qu'elle était morte

Sur mon chemin de guérison de la spondylarthrite ankylosante, j'ai reçu le message que je devais chercher du côté de mes intestins. En effet, mon ventre me faisait tellement souffrir que si j'avais appuyé dessus, je serais tombée dans les pommes.

Comme je l'explique dans *Le jour où j'ai décidé de guérir*, j'ai nettoyé mes intestins des matières qui y étaient restées coincées depuis des années et les avaient rendus poreux. Ensuite, j'ai jeûné pour que les cellules de mes entrailles se régénèrent. Cette étape a été tellement importante dans ma guérison que j'ai décidé d'ouvrir un cabinet d'irrigation du côlon et recruté une technicienne, Dominique, qui pratiquait ces soins.

Un jour, elle m'appelle en me disant ceci : « Nathalie, je ne peux pas faire le soin, la cliente a des diarrhées quinze à seize fois par jour depuis quinze jours. Ses examens médicaux ne révèlent rien, c'est pourquoi elle veut nettoyer ses intestins, mais ce n'est pas adapté. Je pense que ce n'est pas de mon ressort, et qu'il faut que tu la voies. »

Débordée, avec cinq mois d'attente pour un rendez-vous, je décide d'ajouter une consultation pour cette patiente, à 8 heures, la semaine suivante. Je n'aurais pas à attendre la semaine suivante pour faire la connaissance de Mélanie. Le week-end arrive, et ma fille fait son spectacle de danse. Je fais partie des personnes qui aident les petites filles à se préparer. La confection des chignons va bon train, les couettes égaient les petites mines, les tutus jaunes ou roses courent dans tous les sens, lorsque je vois une maman qui prend en photo sa fille et la mienne. Je lui demande gentiment si elle serait d'accord pour me l'envoyer et lorsque je lui dicte mon numéro, mon nom apparaît, à ma grande surprise.

— Ah mais vous êtes Nathalie Balacé ! C'est avec vous que j'ai rendez-vous mercredi ? me dit-elle.

— Oui, c'est cela. Comme c'est drôle que nous nous rencontrions avant.

Mélanie semble aller très bien, elle est joyeuse. Quelque chose dans son énergie accroche un peu, mais je ne sais pas quoi et, surtout, je ne veux pas me poser la question ; je suis en week-end, je ne veux pas travailler dans ces moments-là.

Le mercredi matin, Dominique a tenu à être présente pour assister à la consultation. Elle savait que je retirais des entités mais n'y avait jamais assisté. Elle s'assoit près de la table ronde en verre qui jouxte mon bureau pendant que Mélanie s'installe sur la table de soin.

Cela fait quinze ans que Mélanie souffre de diarrhées, quotidiennement. Plusieurs médecins ont cherché dans diverses directions, mais ils n'ont rien trouvé. Quinze années d'errance médicale. Elle me raconte son cauchemar. Lorsque la médecine ne trouve pas, je sais que je peux être efficace. Et puis cela ne coûte rien d'essayer. Si la consultation résout le problème, c'est génial, et si ça ne marche pas, c'est qu'il y a autre chose à comprendre, parce que tout est apprentissage dans la vie. Mélanie est en recherche de techniques alternatives, elle est prête à tout pour que ses diarrhées s'arrêtent.

Quand je lui explique que je fais des choses qui peuvent paraître bizarres, elle me dit qu'elle s'en fiche, qu'elle veut retrouver la santé, une vie normale, parce qu'elle ne peut même plus faire les magasins ou des courses sereinement avec sa petite fille.

Penchée sur mes cadrans de radiesthésie, mon pendule dans la main droite, je commence à observer l'énergie de Mélanie. Je pose mentalement les questions. D'abord, quel est son taux vibratoire ? Il est plutôt faible pour une personne de son âge (Mélanie a 35 ans, et une petite fille de 8 ans). Je demande ensuite quelle est l'énergie de Mélanie sans entité, et là, mon pendule m'indique une valeur bien supérieure. J'ai donc la réponse : Mélanie abrite une entité. La priorité dans son soin sera que je fasse monter cette âme perdue en recherche de son chemin.

Je l'explique à Mélanie, je lui indique que je vais utiliser un bol tibétain puissant. Ce bol a une vibration et une fréquence très spéciales qui permettent d'entrer en contact direct avec l'entité. Celle-ci peut se montrer, me parler, ou se faire sentir, mais je ne sais jamais à l'avance comment cela va se passer. Au fur et à mesure de la procédure, je dirai à Mélanie ce qu'il se passe.

Le son assourdissant du bol se fait entendre assez rapidement, c'est comme un battement de cœur qui résonne dans la pièce lorsque je demande à l'âme de se montrer parce qu'elle ne peut pas rester en Mélanie, elle risquerait de la faire tomber très malade voire de la tuer. C'est une petite âme d'environ 8 ans qui se présente à moi. Une tristesse incommensurable envahit la pièce. Je vois cette petite fille, elle porte une sorte de pyjama rayé blanc et noir, et une espèce de calot sur la tête de la même couleur. Elle semble sortir d'un endroit très crasseux, elle est très maigre, et lorsque je lui demande ce dont elle a besoin, elle me répond qu'elle cherche sa maman.

Dominique est à quelques mètres de nous, elle pleure sans savoir pourquoi. La tristesse et ce que l'entité dégage d'immonde nous prennent la gorge. Elle me confiera plus tard que si elle avait pu sortir de la pièce à ce moment-là sans déranger, elle l'aurait fait. Les larmes s'échappent de mes yeux, Mélanie est également en sanglots sur la table de soin.

Je continue mon dialogue avec cette petite fille qui me montre ce qu'elle a vécu et pourquoi elle est morte. Elle a été prisonnière dans un camp de concentration, séparée de sa maman, et elle est morte de dysenterie. J'en conclue que lorsque la Lumière s'est ouverte pour elle, elle ne l'a pas vue, elle a continué à chercher celle qui pour elle était la lumière dans l'obscurité.

Quand je lui explique que sa maman est déjà montée, qu'elle l'attend là-haut et, surtout, que l'on peut l'aider à la rejoindre, elle accepte aussitôt et commence à se décoller des corps subtils de Mélanie. Très vite, le tunnel s'ouvre, la Lumière immaculée apparaît, et la petite fille s'engouffre à l'intérieur. Quelques secondes après, j'entends que des êtres de Lumière sont avec elles, ainsi que sa maman. J'entends leurs mercis, j'entends qu'elles sont dans la paix et dans l'amour. C'est un bonheur incroyable !

Le bol a arrêté de chanter aussitôt que la Lumière a disparu. J'ai fini le soin énergétique, utilisé l'énergie de la Source pour regonfler l'énergie de Mélanie, et lorsqu'elle s'est relevée, elle avait déjà changé de visage, elle avait repris des couleurs.

De mon côté, je n'arrivais pas à croire ce qui venait de se passer. C'était tellement réel et à la fois irréel. C'était tellement puissant, et nous étions trois à l'avoir vécu simultanément.

Depuis cette séance, Mélanie n'a plus jamais eu de diarrhée.

À cette époque, je n'étais pas en capacité de comprendre pourquoi Mélanie avait attiré cette entité. Aujourd'hui, grâce aux multiples consultations qui ont suivi, je sais que les entités sont vibrations et qu'elles sont attirées par des personnes qui ont une fréquence vibratoire similaire. En l'occurrence, Mélanie avait une fille de 8 ans, et l'entité un âge identique à sa fille. De plus, la famille de Mélanie portait des mémoires transgénérationnelles d'Holocauste tout comme l'entité et sa maman mortes dans un camp de concentration. Comment pouvais-je encore penser que tout cela sortait de mon imagination alors que les faits étaient là, et les résultats au rendez-vous ?

Les consultations se succédaient, mes connaissances et mes apprentissages s'étendaient. Ce que j'ai adoré dans ma pratique, avant que je décide de me consacrer purement à la formation de praticiens, c'est la multiplicité des cas rencontrés. Nous sommes uniques, chaque personne qui entrait dans mon cabinet était un nouveau challenge à relever. Je cherchais à comprendre, à trouver comment faire pour la voir ressortir allégée d'un poids trop lourd à porter, pour qu'elle retrouve son autonomie, son libre arbitre, pour créer la vie qu'elle souhaitait vivre.

Les retours étaient incroyables, ce qui m'encourageait à poursuivre. Et lorsque je n'avais pas les résultats escomptés, je cherchais à comprendre pourquoi, j'explorais d'autres pistes, je me remettais en question. Mon souhait le plus fort chaque matin était de soulager les personnes qui me faisaient confiance. Je dois dire que cela m'a bien aidée dans ma guérison, je me concentrais sur les autres plutôt que sur moi-même.

Je me suis demandée si j'étais légitime pour être une bonne praticienne alors que j'étais malade. J'ai très vite compris que c'était précisément la maladie qui m'avait amenée sur mon chemin de vie. C'est aussi grâce à toutes ces souffrances que j'ai pu devenir la praticienne empathique que je suis. Tout ce que j'ai vécu a contribué à créer la personne que je suis, et je dis merci à tous les événements difficiles comme heureux, à tous les gens qui ont croisé mon chemin, même aux relations toxiques, parce que j'ai appris, j'ai grandi. Grâce à tout ce parcours, aujourd'hui, je m'aime telle que je suis, et j'aime infiniment l'autre, qui est une part de moi, tout comme je suis une part des autres. Nous venons tous de la même Source divine. Nous sommes tous un.

# Le médecin ébranlé par son plan d'incarnation

J'ai reçu Alexandre quelques années avant qu'il prenne sa retraite de médecin généraliste. Il venait me voir parce qu'il perdait pied. Lorsqu'il s'est présenté, j'ai vu un homme alourdi par les expériences, désabusé, profondément triste, qui tentait toutefois d'afficher un sourire. J'ai vite perçu que se raccrocher à la vie était devenu son combat de chaque jour.

Consulter une praticienne alors que l'on est médecin est une expérience compliquée. Il faut un grand courage et beaucoup d'humilité pour franchir le pas, et il l'a fait. Cela m'a montré qu'il souhaitait s'en sortir mais ne savait pas comment faire.

Alexandre avait entendu parler de moi par ses patients. Évidemment, il souhaitait que cette consultation reste confidentielle, ce qui ne me posait aucun problème puisque c'est inscrit dans mon code de déontologie.

Lorsque je lui explique qu'il y a sur le disque dur de notre inconscient des mémoires enfouies de notre vie, de notre naissance, des mémoires intra-utérines, des mémoires transgénérationnelles, c'est-à-dire des mémoires de ce qui nous a été légué par nos ancêtres, il arbore un air plutôt sceptique, mais je perçois qu'il reste ouvert. Je ne lui parle pas encore des mémoires de vies passées, des incarnations marquées par des drames que l'on peut ramener ici dans cette vie, je sais que ce n'est pas le moment. Comme je ne veux pas qu'il parte en courant en se demandant sur quel gourou il est tombé, je m'en tiens à une explication succincte.

Lors de la première consultation, Alexandre me confie qu'il a failli perdre son fils d'une méningite. Il me raconte l'horreur qu'il a vécue. Son petit garçon, âgé de 8 ans à l'époque, a commencé à se plaindre de maux de tête. Alexandre lui a conseillé d'arrêter les écrans et de s'allonger dans son lit pour se reposer. Les maux de tête n'ont fait qu'empirer, l'enfant a eu des vomissements, de la fièvre, puis il a commencé à être confus. Alexandre et sa femme l'ont emmené d'urgence à l'hôpital. C'est alors que le diagnostic est tombé : c'est une méningite. En entendant cette phrase, Alexandre ressent un malaise, la peur de perdre son enfant le fauche littéralement. Pourtant, il reste de marbre pour soutenir son épouse. Il lui dit que tout va bien se passer, alors qu'intérieurement il ressent le contraire. Il sait qu'une méningite peut tuer ou laisser des séquelles invalidantes.

Le monde s'écroule. C'est un cauchemar, il va certainement bientôt se réveiller, mais ce cauchemar continue, il n'a pas le droit d'approcher son enfant. Il dit aux soignants qu'il est médecin, mais ceux-ci ne veulent rien entendre et déploient tous les moyens en leur possession pour sauver la vie du petit patient. Fort heureusement, le fils d'Alexandre sera sauvé. L'enfant confiera à son papa qu'il a vu la « dame blanche » lorsqu'il a perdu connaissance. Une dame emplie d'amour et de douceur qui est venue pour le soutenir. Alexandre a mis cela sur le compte des produits anesthésiants, mais malgré tout, il a été bouleversé par ce récit, parce que son enfant a bien insisté sur le fait que ce n'était pas un rêve. Totalement chamboulé, le médecin avait refermé ce dossier sans le comprendre.

C'est avec beaucoup d'attention et les yeux humides que j'écoute cette histoire troublante. Après avoir fait mon travail d'accompagnement, après avoir aidé le docteur à se libérer des émotions qu'il a ressenties lors de ce moment éprouvant, je prends mon courage à deux mains pour lui parler de la dame blanche. Je ne peux pas m'empêcher de lui dire que c'est un être de Lumière qui est venu auprès de son enfant pour l'accompagner dans ce moment délicat entre la vie et la mort. Le médecin me regarde avec de grands yeux, très surpris, et rejette immédiatement mon hypothèse.

C'est alors que vient le moment de poser la question que je pose toujours avant d'aborder le sujet de la vie après la mort :

— Quelles sont vos croyances ? Que pensez-vous qu'il se passe après la mort ?

Alexandre plante ses yeux dans les miens, et avec une certitude absolue me répond qu'il n'y a rien.

Comme à chaque fois que j'ai cette réponse, je me dis que je vais avoir du travail, et je demande l'aide des êtres de Lumière, de mes guides ainsi que des guides d'Alexandre. Les réponses sont à chaque fois différentes, toujours adaptées à la personne qui est en face de moi. Cette fois-ci, ils me demandent d'aller chercher un livre, celui de Jean-Jacques Charbonier intitulé *Les 7 bonnes raisons de croire à l'au-delà – Le livre à offrir aux sceptiques et aux détracteurs.*

— Vous êtes médecin et l'auteur aussi. Il a été anesthésiste-réanimateur, je pense qu'entre collègues vous allez vous comprendre. J'aimerais que vous lisiez ce livre avant notre prochaine consultation. Est-ce que c'est possible pour vous ?

Le docteur m'assure qu'il le fera. J'en suis ravie et j'ai déjà hâte d'être à notre prochaine consultation.

Quelques semaines plus tard, lorsque j'ouvre la porte de ma salle d'attente, je vois Alexandre qui relève la tête et me sourit, mon livre entre les mains. En entrant dans mon cabinet, il m'annonce : « Ce livre a bousculé toutes mes croyances. Il m'a beaucoup perturbé, mais les cas relatés ne peuvent être inventés, je sais qu'ils sont réels. » C'est au-delà de ce que je pouvais attendre. Je pensais que j'allais devoir argumenter, peut-être batailler pour lui faire comprendre qu'il y a d'autres dimensions et que lorsque quelqu'un décède, il quitte son corps un peu comme un vêtement usagé, mais son âme est toujours là, vivante, ou plus exactement immortelle. Quelle merveilleuse idée ont eue mes guides !

Bien sûr, le docteur se pose beaucoup de questions sur le sujet. Il a fait un grand pas en remettant en cause ses croyances, mais il n'a pas encore intégré tout ce que cela implique de savoir qu'il y a un au-delà, un monde invisible pour nos yeux d'humains.

En tant que praticienne, j'ai appris à faire confiance au Divin. J'ai compris que tout est à sa place, et c'est un émerveillement à chaque fois. Le miracle va encore se produire lors du rendez-vous suivant avec Alexandre.

Lorsque je lui demande comment il se sent depuis notre dernière consultation, il m'explique qu'il est énormément soulagé, qu'il n'a plus aucune tristesse lorsqu'il repense à l'épisode de la méningite de son fils. C'est le signe pour moi que la consultation a atteint son objectif : la libération complète de ce traumatisme. Cependant, la tristesse reliée à son mal-être, comme une lame (« l'âme », en langage des oiseaux) de fond l'attirant vers le bas, dans des pensées moroses et morbides, est toujours là.

Je me remets en selle immédiatement, avec l'objectif indéfectible de le voir franchir la porte de mon cabinet totalement libéré de cette tristesse. Cette fois-ci, c'est avec beaucoup plus de facilité et moins de précautions que je vais aborder le sujet des vies passées. Je vais pouvoir aller chercher les informations, les émotions, les événements qui alimentent cette tristesse profonde.

Pendant une vingtaine de minutes, le médecin va s'ouvrir en toute confiance sur ses premières années de vie, son adolescence, sa relation avec ses parents, avec sa sœur. Petit à petit, des liens se font dans ma tête, je commence à comprendre, et d'un seul coup, alors que j'ai toutes les pièces de puzzle, je comprends et j'entends : *refus d'incarnation*. Un dialogue silencieux et rapide s'installe entre moi et mes guides :

— Mais comment ça ? On choisit de s'incarner, comment pourrait-on refuser de s'incarner ?

— Nous te donnerons la réponse plus tard, me rétorquent-ils. C'est un refus d'incarnation.

Sans plus tarder, je demande à Alexandre de me suivre et de répéter ce que je vais dire (j'utiliserai les mots qu'il m'a donnés au cours de ces explications) tout en tapotant sur des points d'acupuncture pour libérer l'émotion bloquée en lui, et ainsi l'expulser.

Alexandre connaît le processus, nous l'avions pratiqué la fois précédente. Il a pu en mesurer la puissance, et c'est tout naturellement qu'il mime et répète ce que je fais et dit. C'est alors que je prononce la phrase suivante :

« Même si je ressens une immense tristesse qui me donne des envies de mourir parce que je ne voulais pas m'incarner dans cette vie-ci, de cette manière, parce que je ne voulais pas quitter ma famille d'âmes, je m'aime et je me respecte profondément » Et là, Alexandre s'effondre.

Il se recroqueville, il a le visage ravagé par la douleur, ses larmes coulent comme une fontaine. Il me dit que c'est tout à fait ça, qu'il ne s'est jamais vraiment senti à sa place. C'est ce que l'on appelle en psychologie, une « abréaction », c'est-à-dire la brusque libération émotionnelle, l'extériorisation d'une souffrance émotionnelle due à un événement douloureux.

Les mots enfin mis sur ses maux le libèrent. Je dois dire que c'est assez impressionnant pour moi aussi. Ce sont surtout des femmes qui viennent me consulter. Lorsqu'un homme franchit le pas, c'est toujours très émouvant. Je le prends comme la preuve d'une profonde confiance quand ils se livrent totalement et acceptent d'entrer dans cette forte libération émotionnelle.

Je viens doucement auprès d'Alexandre et lui demande la permission de tapoter sur ses genoux par intermittence afin d'aider son cerveau à s'apaiser : « Prenez le temps qui est nécessaire, et lorsque vous vous sentirez mieux, nous pourrons continuer », lui dis-je. Il s'excuse d'avoir craqué de la sorte. Je le rassure, je suis habituée, et surtout je suis ravie parce que je sais que c'est libérateur, et aussi que nous sommes exactement au bon endroit, à cet endroit qui est coincé chez lui depuis tellement d'années et qui demandait juste à être délivré, pour que l'énergie circule à nouveau.

Lorsque la séance se termine, c'est un autre homme qui est devant moi. Il s'est redressé, son visage est plus lumineux. J'ai l'habitude de noter ces petits changements qui m'épatent à chaque fois. Intérieurement, je souris, je remercie la vie, les guides, l'Univers (« unis vers »). Dès qu'une guérison émotionnelle s'opère, c'est une partie de soi qui guérit, parce que nous sommes tous reliés les uns aux autres, tous unis, pour cheminer vers un monde meilleur.

En raccompagnant Alexandre sur le pas de la porte, je sais qu'il a laissé chez moi l'ancien Alexandre. D'ailleurs, lors du rendez-vous suivant, il me dira ceci : « Je suis venu pour vous dire que je vais bien, même très bien. J'aurais pu annuler la consultation, mais je voulais vous le dire les yeux dans les yeux. Ces consultations m'ont sauvé la vie. Chaque matin lorsque je me réveille, je suis heureux. Je ne vois plus les choses de la même manière. Même si tout n'est pas rose, je suis bien, je n'ai plus d'idées morbides, je veux profiter de la vie pleinement. Nathalie, vous avez toute ma reconnaissance. »

Dans ces moments-là, je me sens à la fois très joyeuse, emplie de gratitude et aussi un peu gênée parce je ne travaille pas seule. Les messages, les mots qu'il faut dire pour libérer me sont soufflés par mes guides, par l'âme de la personne qui consulte. Je lui demande toujours de se remercier aussi pour la démarche qu'elle a faite, pour la résilience qu'elle s'est offerte.

Il m'est arrivé de recroiser Alexandre. Il marche en regardant devant lui, la tête droite, le buste redressé, il semble fier et heureux de cette vie. C'est mon plus beau cadeau.

Grâce à cette consultation, j'ai découvert que si toutes les âmes décident de s'incarner, certaines peuvent se sentir déchirées d'avoir dû quitter leur famille d'âmes. C'est ce que mes guides ont appelé « le refus d'incarnation ». L'âme refuse la séparation et cela crée des tristesses profondes, des dépressions, la sensation d'être comme un extraterrestre dans sa propre famille. La vie n'a pas de sens, tant que l'émotion n'a pas été libérée.

J'ai bien conscience qu'à chaque consultation, c'est une partie de moi qui grandit, qui se répare, qui cicatrise parfois. Chaque personne est unique, regarde la vie avec une paire de lunettes qui lui est propre, construites à partir de mémoires inconscientes, d'une éducation, de croyances et d'expériences de vie. Certains voient la vie en noir, d'autres en gris, et d'autres en rose. Souvent, je reçois des personnes qui ont une vision de la vie plutôt sombre, comme cela a été mon cas, et je suis ravie de pouvoir apporter de la lumière dans leur obscurité, de libérer les ancêtres ou fantômes du passé, d'éclairer d'un jour différent le passé, les manières de réagir ou de vivre les choses. Beaucoup ont posé leur paire de lunettes sombres dans mon cabinet et en sont ressorties avec une nouvelle paire qui leur permet de voir la vie autrement. C'est ce que j'ai fait pour moi, c'est ce que j'ai fait pendant des années avec les personnes qui me consultaient, et c'est ce que je fais aujourd'hui en tant que formatrice en transmettant ces techniques de libération émotionnelle.

# Les lumières s'allument toutes seules

Les défunts auraient-ils des choses à nous apprendre ? Pourquoi essaient-ils d'entrer en contact avec nous ? Peut-être tout simplement pour nous faire comprendre qu'ils sont toujours là et qu'il est nécessaire de revenir le plus vite possible dans la joie après leur décès et de continuer de vivre en leur honneur. C'est le message que j'allais découvrir grâce à cette nouvelle consultation.

Lorsque Barbara arrive dans mon cabinet, elle me parle immédiatement de son neveu, que je vais appeler Oscar, qui vit au Canada avec ses parents. Un jour d'hiver, alors que la nature est recouverte d'un manteau blanc et les lacs d'une épaisse couche de glace, Oscar et son papa décident d'aller faire un tour en motoneige. Ils s'amusent follement, c'est un véritable bonheur de pouvoir partager un moment comme celui-ci entre père et fils. Le soleil brille fort ce jour-là. La glace, présente depuis longtemps, semble solide. Personne n'aurait pu imaginer qu'elle allait céder. Pourtant, elle s'est brisée sous le poids du scooter des neiges d'Oscar. Son père a tout tenté pour le retrouver, mais en vain. Les deux motos ont coulé à pic. Barbara et sa famille, qui avaient prévu de venir les voir pendant les vacances, ont appris la terrible nouvelle deux jours avant de prendre l'avion. Évidemment, ils arrivent au Canada dans des conditions qu'ils n'avaient pas imaginées.

Les parents d'Oscar sont sous le choc, ils ne peuvent pas aller accueillir Barbara, son mari et ses deux fils à l'aéroport. Ils leur ont envoyé un taxi qui les amène directement dans leur maison endeuillée. Barbara et sa petite famille entrent timidement et tristement avec les clés dissimulées dans une cachette qui leur a été révélée. Tout semble identique à la dernière fois qu'ils sont venus. Ils ne savent pas quoi faire, quoi se dire, des larmes coulent parfois sur les joues. Ils s'assoient alors tous dans le canapé. Chacun reste seul avec son chagrin. C'est comme irréel, leur cousin avec qui ils ont fait tellement de bêtises n'est plus. Personne n'ose prononcer une parole. Puis Eliot se lance, Eliot qui a le même âge qu'Oscar : « J'ai envie de monter dans sa chambre, comme on faisait tout le temps. » Barbara hésite, regarde son fils en lui disant : « Je ne sais pas si on peut faire ça. »

La réponse, c'est Oscar qui va la donner en allumant toutes les ampoules du couloir qui conduit à sa chambre. La famille est estomaquée : personne n'a touché à un interrupteur. Ils sont choqués, et Eliot lance : « C'est Oscar ! Il est d'accord ! » Et il commence à monter l'escalier. Son frère et ses parents le suivent. Contrairement à Eliot, Barbara et son mari ont peur. Ils savent que quelque chose d'improbable vient de se produire, quelque chose qu'ils ne peuvent pas maîtriser, qui les fait sortir de leur zone de confort. Elle m'explique qu'une fois dans la chambre, Eliot a fait comme il faisait toujours : il s'est allongé sur le lit. Et cette fois, il a pleuré. Les lumières se sont mises à clignoter.

Lorsque Barbara me demande ce que j'en pense, je lui réponds que le message était on ne peut plus clair. Oscar voulait leur dire qu'il était toujours là, qu'il était d'accord pour qu'ils montent tous dans sa chambre. En allumant, il voulait peut-être aussi leur dire qu'il était désormais dans la Lumière.

Je ne compte plus les consultations où les personnes témoins d'une manifestation de l'au-delà m'ont dit « vous allez me prendre pour une folle ». Elles viennent pour avoir une confirmation de leurs ressentis. Elles n'arrivent pas à croire que ça s'est vraiment produit, que c'est un message du défunt. Même si l'événement s'est passé devant plusieurs personnes, comme pour Barbara, elles ont du mal à se rendre à l'évidence. C'est trop incroyable. Au fil des consultations, j'ai découvert les innombrables manières dont les défunts entrent en contact avec nous. Les lumières sont souvent utilisées, ainsi que la télévision, le téléphone et la radio.

# Une présence nocturne chez Virginie

Alors que je commençais à bien maîtriser les soins énergétiques et que les résultats sur mes clients devenaient de plus en plus tangibles, une envie irrépressible de partager mes découvertes s'installait en moi. Au cours d'une simple balade, j'en ai parlé à mon amie Virginie.

Ce jour-là, l'air était doux, le silence, complice. Sentant qu'elle pouvait parler sans crainte d'être jugée, elle me confie d'une voix un peu hésitante qu'elle vit quelque chose d'étrange qu'elle n'ose raconter à personne. Cela ne lui arrive que lorsqu'elle dort seule, jamais quand son compagnon est là. À peine la lumière éteinte, après avoir refermé son livre, elle sent une présence. Quelque chose qui monte sur son lit, à pas feutrés, comme pour ne pas la déranger, presque se faire oublier. Mais c'est là, contre elle, tout près. Alors, elle rallume sa lampe de chevet. Toujours. Mais il n'y a rien. Rien que le silence et cette sensation persistante. Cela la glace de peur, à tel point qu'il lui arrive de dormir avec la lumière, juste pour éloigner cette présence invisible.

Je lui dis que, si elle le souhaite, à notre retour, je pourrai jeter un œil. Dès que nous entrons dans mon cabinet, je prends mes fiches, mon pendule, et commence à évaluer ses énergies. Tout est là, sous mes yeux. Je lui explique qu'une âme est avec elle. Depuis longtemps. Très longtemps.

Virginie m'indique qu'en effet, dans sa maison précédente, lorsqu'elle vivait seule avec sa fille, il se produisait déjà la même chose. Depuis qu'elle a emménagé chez son compagnon, cette présence se manifeste encore, mais uniquement lorsqu'elle est seule dans son lit.

Je décide d'entrer en contact avec l'âme. Très vite, une image m'apparaît : une mère et sa fille. Un accident. Tout est allé très vite. Elles ne se sont pas vues partir. Elles n'ont pas même compris qu'elles étaient mortes et n'ont pas su rejoindre la Lumière. Elles sont restées là… à la lisière. C'est alors qu'elles ont été attirées par Virginie, elle aussi mère célibataire et présentant une fréquence vibratoire similaire à la leur. Comme un écho. Une résonance.

Je partage ce que je perçois avec Virginie. Elle est touchée, bouleversée. Elle ne s'attendait pas à cela.

Je prends mon bol tibétain. Tout devient évident. Elle s'allonge sur ma table de soin. Je parle doucement, intérieurement, aux deux âmes. Je leur explique ce qu'il va se passer, par télépathie, avec tout l'amour possible. Le tunnel s'ouvre. Et dans un souffle léger, imperceptible, les deux âmes montent. Je ressens tout, je vois, j'entends. Virginie, elle, ne perçoit rien. Rien, sauf peut-être un étrange apaisement. Lorsqu'elle repart, c'est avec une part de doute, mais aussi une lueur dans les yeux.

Le temps passe. J'oublie presque cette consultation. Et puis, quelques semaines plus tard, Virginie me recontacte. Sa voix a changé. Elle me dit qu'elle a dormi seule, plusieurs nuits d'affilée et qu'aucune présence n'est revenue.

Grâce à elle, les âmes de cette mère et de sa fille ont trouvé leur chemin vers la Lumière. Et Virginie, elle, a vu basculer une partie de ses croyances. Elle a senti quelque part en elle que la vie ne s'arrête pas. Que tout continue.

Cette consultation aura conforté un peu plus mes certitudes. Elle m'aura permis de comprendre que certaines âmes peuvent rester collées à un être incarné parce qu'il a une histoire et des vibrations similaires aux leurs, mais sans l'incorporer. Ce n'est absolument pas la même chose que les âmes parasites, qui prennent l'énergie de leur hôte.

# L'entité est revenue

Après des dizaines et des dizaines de consultations où il m'a fallu retirer des entités pour que les personnes reprennent le contrôle de leur vie, de leurs émotions, de leurs comportements, j'ai reçu Marie. Elle courait alors de médecin en médecin, de praticien en praticien, sans jamais trouver de solution à son mal-être. Elle se sentait si fatiguée que même prendre sa douche le matin l'épuisait. Ensuite, elle devait se recoucher, emplie de culpabilité et honteuse.

Pour avoir la force de se rendre à notre rendez-vous, Marie avait dû se reposer toute la matinée. Lorsqu'elle est arrivée, frêle et blanche, elle s'est affalée dans le fauteuil de consultation. Je ressentais nettement qu'elle n'avait plus aucune énergie. « C'est arrivé d'un coup, m'explique-t-elle. Je ne comprends pas, d'habitude je suis sportive, pleine d'entrain et positive. »

Je lui demande si elle est d'accord pour que j'utilise mon pendule. Elle me répond qu'au point où elle en est, rien ne la dérange. Je sors rapidement mes planches de radiesthésie et je commence à investiguer. Je mesure son taux vibratoire, il est anormalement bas pour une personne aussi jeune. Je sais immédiatement que beaucoup de choses ne vont pas : ses chakras ne sont plus alignés, elle n'est plus reliée aux énergies telluriques et cosmiques, son cordon d'argent est abîmé. Sur la base de cette dernière information, je lui demande si elle a fait des tentatives de suicide ou si elle a eu envie de mourir, ce qui pourrait avoir abîmé son cordon d'argent. C'est le lien qui relie notre âme à notre corps physique, il se rompt définitivement à notre mort. Marie a effectivement tenté de se suicider et l'a immédiatement regretté. Puis, je vois qu'elle a une âme errante en elle. Ce parasitage lui prend toute son énergie.

J'invite Mairie à s'installer sur ma table de soin. Après m'être connectée aux énergies de la Terre, puis aux énergies de la Source, après avoir appelé mes guides et ceux de ma cliente ainsi que des êtres de Lumière, je suis prête à commencer la procédure que je connais désormais par cœur, mais qui cette fois va prendre un tour totalement inattendu.

Marie est heureuse de pouvoir s'allonger, c'est une position qui la soulage tellement elle est fatiguée. Je commençais à lui expliquer le déroulé du protocole lorsqu'elle m'arrête et me dit qu'elle a confiance en moi, qu'elle est sûre que je vais faire ce qu'il faut pour elle. Intérieurement, je sais qu'elle n'est pas prête à entendre ce que j'ai à lui annoncer.

Je demande protection et on me dit de me protéger encore davantage. Je ne comprends pas immédiatement pourquoi, et je commence à faire sonner mon bol tibétain devenu comme mon meilleur ami pour cette procédure. Le son est puissant et lorsque je cherche à entrer en contact avec l'entité, elle ne se montre pas. Je la ressens, il émane d'elle un mélange de peur et de haine. Je lui parle : « Tu ne peux pas rester ainsi dans le corps de Marie. » Je demande que s'ouvre pour elle la Lumière, mais le refus est immédiat. J'entends : *Tu ne peux pas la faire monter, elle doit descendre.* Surprise, mais aussi empathique, je refuse.

On me répète que je dois emmener cette entité dans le bas astral et que je serai aidée pour cela. À nouveau, je refuse. Une idée me vient : je vais la mettre dans la rue. Je me ravise, je ne peux pas la poser devant chez moi. Alors je pense au film *Ghost*. Ne me demandez pas pourquoi, je ne le sais pas, mais il m'inspire l'idée de l'envoyer dans le métro. Et c'est ce que je fais.

La procédure terminée, je demande à Marie comment elle se sent. Elle me dit qu'elle a ressenti quelque chose qui partait de son corps. Je finis le soin énergétique en recréant sa connexion tellurique et cosmique, en alignant ses chakras et en réalisant ce qui doit être fait pour qu'elle se sente bien. Marie se relève de la table avec la tête qui tourne, ce qui n'a rien d'anormal. Je vois très nettement l'énergie de vie qui circule à nouveau en elle.

Au vu de mes expériences précédentes, chaque fois que j'ai fait monter une entité, le résultat était au rendez-vous. Il le sera aussi pour Marie. Dès le lendemain, elle m'envoie un message m'indiquant qu'elle a pris une douche sans aucun problème et qu'elle est même allée courir ensuite. Elle a retrouvé la forme, elle est vraiment très contente de me le partager.

Mais huit jours plus tard, je reçois un nouveau message de sa part : « Elle est revenue ! » Je n'en crois pas mes yeux. Puis je réalise que c'est de ma faute, car je n'ai pas fait ce que l'on m'a demandé, je n'ai pas voulu faire descendre cette âme en peine, cette âme qui a fait du mal dans son incarnation terrestre, dans le bas astral, et elle a retrouvé le chemin du corps qui l'abritait. Cette fois-ci, je vais écouter les consignes de mes guides.

Mon agenda est complet, je donne donc rendez-vous très tôt le matin à Marie. Elle arrive dans le même état que la première fois. Sans détour, je lui explique que je suis en quelque sorte responsable du retour de l'entité et que je vais réparer mon erreur, c'est un merveilleux apprentissage qui m'est offert.

Après avoir évalué l'état énergétique de Marie avec mon pendule et mes planches, je constate que tout est à refaire. Elle vient s'installer sur la table de soin, sans me tenir rigueur de rien et avec la certitude que cette fois-ci je vais trouver la solution.

Je demande protection à mes guides et à mes anges gardiens. Je fais également appel au guide de Marie pour qu'il vienne la protéger. J'écoute attentivement les instructions qui me sont données. Dès que je ressens l'entité, des êtres de Lumière œuvrent avec moi pour la faire descendre dans les échelons spirituels du bas astral, jusqu'à ce que ses vibrations s'accordent avec la sphère dans laquelle elle doit passer un certain temps pour comprendre le mal qu'elle a fait, se repentir et enfin pouvoir remonter vers la Lumière.

Marie est repartie allégée de ce poids, avec toutefois cette question en tête : pourquoi ai-je attiré cette entité ? Sans doute parce qu'elle avait créé une faille dans son aura, due peut-être à trop de tristesse, à de la colère en excès ou à son envie de mourir. Bref, à des émotions négatives et incontrôlables qui nous vident de notre énergie et abaissent notre niveau vibratoire.

De cette consultation, j'ai tiré une grande leçon : désormais, j'écouterai et j'appliquerai sans rechigner les consignes que les guides me donnent. Il m'avait semblé qu'emmener cette entité dans le bas astral, cet endroit sombre où grouillent des énergies basses ou des esprits négatifs errants, était une mauvaise idée. Mais ce n'était pas à moi d'en décider. C'est un processus à respecter. Les âmes qui ont fait du mal sur Terre vont devoir se retrouver confrontées à la souffrance, aux douleurs infligées aux autres. Elles auront à les vivre pour comprendre ce que les autres ont ressenti, ce qu'ils ont vécu. Ainsi, elles n'auront plus envie de le faire vivre de nouveau dans une autre incarnation.

Comme tous les enseignements que j'ai reçus au fil de mon parcours, celui-ci m'a fait réfléchir. Je sais que je dois être forte et que j'ai choisi ces facultés avant de m'incarner. Je comprends également que je dois écouter les consignes des êtres de Lumière et cesser de faire ma rebelle. Les guides savaient parfaitement ce qu'ils faisaient en m'envoyant Marie. C'était une préparation à ce qui allait suivre avec Laurent…

# Sous l'emprise d'une entité meurtrière

Lorsque Karine m'appelle pour prendre rendez-vous, son récit me fait froid dans le dos. Son mari a tenté de la tuer, ainsi que ses deux enfants. Il est en liberté surveillée, avec un bracelet électronique. Elle est en pleurs au téléphone. Doucement, je lui explique que je la comprends, que tout ce qu'elle ressent est normal et qu'il est important pour elle et pour sa descendance de libérer cette mémoire d'agression.

Le jour du rendez-vous, avant d'ouvrir la porte de la salle d'attente, je prends une grande inspiration, je sais que cette consultation va être forte en émotion. Je découvre Karine, une femme de taille moyenne, avec de longs cheveux bruns dont une partie est attachée en chignon. Son regard est presque éteint. Elle se lève, la tête rentrée entre les épaules, comme quelqu'un qui a honte. Elle est habillée de gris et de marron, avec des vêtements qui n'attirent pas l'attention sur elle.

Je l'accueille en l'embrassant, ce qui la surprend. Je la regarde droit dans les yeux et lui assure que je peux très bien imaginer ce qu'elle a vécu parce que moi-même j'ai été battue par un homme qui partageait ma vie et qui un jour a même tenté de me tuer à la hache. Je lui explique que je m'en suis sortie, alors il n'y a aucune raison qu'elle ne s'en sorte pas, elle aussi.

Elle se redresse un peu, comme pour prendre une grande inspiration, puis s'écroule, fouille dans sa poche pour vite attraper le paquet de mouchoirs qu'elle avait pris soin d'emporter. Après avoir mouillé trois mouchoirs, elle commence à se détendre et à parler. Je l'encourage à m'expliquer ce qu'il s'est passé.

Ce soir-là, tandis que leurs deux enfants étaient couchés, il y avait déjà de l'orage dans l'air. Karine n'était pas contente : lorsque Laurent est rentré, juste au moment du repas, il avait déjà beaucoup bu. C'était de plus en plus difficile de le voir dans cet état, presque chaque jour. Laurent a le vin méchant, comme on dit, ses réactions sont imprévisibles. Karine était particulièrement stressée.

Normalement, quand les enfants sont au lit, c'est le moment où les parents peuvent souffler, se détendre. Karine explique cela à Laurent sur un ton de reproche, tout en s'asseyant sur le canapé. Il s'emporte, se rue sur elle en lui disant qu'il en a vraiment marre d'elle. Il l'attrape par le cou et serre. Elle crie, puis ne peut plus parler, plus respirer. Il pèse de tout son poids sur elle. Elle tente désespérément d'écarter les mains qui écrasent sa trachée. Laurent est dans une telle fureur qu'il est incapable de se contenir. Son regard est noir, son front plissé, comme s'il prenait plaisir à la voir s'étouffer. C'est alors que les enfants, alertés par le bruit, entrent dans la pièce. La plus jeune, tétanisée, reste prostrée dans l'encadrement de la porte. Son frère, âgé de seulement 7 ans, tente de libérer sa maman. Laurent hurle : « Je vais te tuer, et les enfants aussi ! » Lorsque Karine entend cela, une force incroyable se déploie en elle, elle arrive à soulever son agresseur et à s'en dégager. Elle m'explique qu'elle ne sait pas comment elle a fait, mais qu'elle a réussi à prendre ses deux enfants, un sous chaque bras, et à sortir de la maison en appelant à l'aide. Laurent la poursuit, mais un voisin arrive en lui intimant d'arrêter immédiatement, que la police est prévenue et qu'elle arrive. Karine se réfugie avec les deux enfants dans une maison voisine, dont la porte s'ouvre pour les accueillir. Les voisins ont souvent entendu des cris, mais cette fois-ci, ils ont tout de suite compris qu'ils devaient intervenir quand Karine a appelé au secours.

Laurent a été emmené par les forces de l'ordre, puis emprisonné quelques jours. Il en est ressorti avec une interdiction d'approcher Karine et ses enfants, et un bracelet électronique à la cheville.

Pour Karine, il est difficile d'évoquer ce traumatisme. Son corps tremble. Elle m'explique que son cœur bat si fort qu'elle a l'impression qu'il va sortir de sa poitrine. Lorsque son mari a voulu s'en prendre aux enfants, tout son corps s'est mis en mode survie, une puissance insoupçonnée est apparue sous l'effet d'une poussée d'adrénaline. Toucher à ses enfants, c'était impossible.

En écoutant Karine, je suis emplie de compassion. Je lui explique que ce qu'elle a vécu n'aurait jamais dû se produire, mais fort heureusement elle a survécu et ses enfants aussi. Désormais, ils vont pouvoir en faire une force.

Elle revient sur la scène du drame et m'indique qu'elle n'avait encore jamais vu ce regard noir chez son mari. Même s'il était désagréable voire méchant quand il avait bu, jamais il n'avait tenté de l'étrangler. Elle ne l'a pas reconnu : « Il était quelqu'un d'autre, comme possédé. »

Karine travaille dans le milieu médical, elle ne croit pas à tout cela. Cependant les mots sont sortis de sa bouche, alors je rebondis : « La possession, ça existe. Moi-même, je ne voulais pas y croire, pourtant j'ai vu des personnes qui ont repris leur vie en main et se sont senties libérées une fois que les entités qui les parasitaient ont été retirées. Aujourd'hui, je ne peux plus dire que ça n'existe pas, j'ai constaté les résultats. » Karine m'écoute avec attention, elle veut comprendre. Je lui dis qu'après la séance de libération émotionnelle pour elle, il serait bien que je puisse voir Laurent. Elle accepte de lui envoyer un message. Elle semble toujours éprise de lui malgré ce qu'elle a vécu, malgré la colère qu'elle ressent. Il lui manque et elle avoue avoir besoin de lui.

Karine a aussi admis qu'elle avait hérité de mémoires d'ancêtres qui avaient vécu des situations similaires et qu'inconsciemment elle reproduisait le schéma. Nous avons donc coupé le lien avec ces mémoires de meurtres. Elle se sent plus apaisée, elle arbore un sourire calme et me remercie. Lorsque je la prends dans mes bras pour lui dire au revoir, je demande secrètement qu'elle soit protégée, aimée et chérie. Elle s'est redressée et semble confiante en l'avenir.

Quelques semaines plus tard, c'est Laurent qui arrive dans mon cabinet. Il m'expose sa version des choses, qui est semblable à celle de Karine. Il tente de cacher son bracelet électronique en tirant sur son pantalon. Il pleure, il a honte, il se demande ce qui l'a pris. Il ne comprend pas. Il s'en veut terriblement de faire tant de mal à sa femme et ses enfants. Je lui explique que l'alcool, comme toutes les autres substances créant des dépendances, vibre bas. Et lorsque l'on vibre bas, on attire à soi des énergies ou des entités qui vibrent bas également. L'alcool est généralement le moyen trouvé pour anesthésier des souffrances, des non-dits, vécus dans cette vie ou par des ancêtres. Ceux-ci nous transmettent leurs traumatismes et les souffrances qu'ils n'ont pas réussi à transcender. J'interroge Laurent : y a-t-il eu des meurtres dans sa famille ? Il ne le pense pas, il n'a jamais entendu parler de cela.

Je lui demande s'il serait d'accord pour que je regarde son taux vibratoire et s'il a des entités parasites. Il me dit être désespéré et prêt à tout pour aller mieux. Pour réparer le tort qu'il a causé, il ferait n'importe quoi.

Je ne compte pas faire n'importe quoi. Je sors mes fiches de radiesthésie et je constate que son taux vibratoire est très bas, proche des 7 000 bovis. Laurent n'est plus dans son corps éthérique et mon pendule indique très clairement qu'il y a des entités en lui. Lorsque je demande combien il y en a, la réponse est quatre. C'est beaucoup, et on me donne l'information qu'une des entités est maléfique, monstrueuse.

Après avoir rétabli de bonnes énergies, je demande à Laurent de s'allonger sur ma table de soin. Je le recouvre d'un plaid pour qu'il n'ait pas froid. La première chose qu'on me demande de faire est de retirer les entités. Je demande alors protection. Avec le recul, je sais que cela n'était pas suffisant, j'aurais dû demander une triple protection, faire venir des êtres de Lumière et demander l'aide des archanges.

Je commence à faire tourner le bol tibétain qui produit un bruit tellement puissant que lorsque j'appelle les entités, trois d'entre elles se présentent rapidement. Il y a une femme avec deux enfants, une petite fille qui semble avoir 5 ans et un petit garçon d'environ 7 ans. Ils sont comme recroquevillés derrière la silhouette de leur maman. Lorsque j'explique à cette femme qu'elle est morte, tout comme ses deux petits, qu'elle ne peut pas rester dans l'énergie de Laurent parce qu'elle lui prend son énergie vitale, qu'elle doit monter dans la Lumière avec ses enfants, elle me répond qu'elle veut monter avec son mari. Je ressens immédiatement qu'il est la quatrième entité. Il se cache. Je l'avais pressenti, j'en ai maintenant la certitude. Je sens des odeurs nauséabondes quand j'essaie d'entrer en contact avec lui, je perçois qu'il est dans une rage destructrice. Je comprends alors que trois entités vont pouvoir monter dans la Lumière, mais que lui devra descendre dans le bas astral.

Lorsque je demande à la mère de famille de me montrer ce qu'il s'est passé, je visualise la scène d'horreur où il a tué sa femme et ces deux enfants avant de se suicider. Ils sont restés bloqués tous les quatre, cherchant désespérément à se libérer de cette errance entre deux mondes. Ils n'ont pas compris qu'ils étaient morts, ils ne sont pas montés dans la Lumière lorsqu'elle s'est présentée. Il n'est pas descendu dans le bas astral, retenu par ces trois âmes tellement attachées à lui malgré les actes irréparables qu'il venait de commettre. Ils ont erré jusqu'à ce qu'ils trouvent une faille dans l'âme de Laurent, lui aussi papa d'une fillette de 5 ans et d'un garçon de 7 ans. L'alcool a aidé à créer cette ouverture.

Le son puissant du bol tibétain retentit dans toute la pièce. Je répète à la maman qu'elle ne pourra pas monter avec son mari. Il a fait quelque chose de très grave, il est donc dans de très basses énergies, ce qui l'empêche d'accéder à son niveau vibratoire, J'appelle des êtres de Lumière. Lorsqu'elle les aperçoit, elle comprend et accepte de les suivre avec ses enfants. Très rapidement, ils montent ensemble. D'un seul coup, l'atmosphère devient plus joyeuse. L'énergie change. D'un côté, tout devient lumineux, ils sont montés ; de l'autre, je perçois la rage qui gronde, une odeur d'alcool fort. Je sais que le père meurtrier n'est pas content de voir ce qui est en train de se passer. On me dit de faire une pause, mais je décide d'en découdre avec lui. J'aurais dû faire ce qu'on me demandait. Malheureusement, je ne l'ai compris qu'ensuite.

Après voir fait monter les âmes des enfants et de leur maman, le bol tibétain n'émet presque plus de son. Je dois le relancer afin que les vibrations soient suffisantes pour aller chercher cette âme sombre qui ne se montre pas. Je demande de l'aide aux anges, puis subitement un être étrange, mi-homme, mi-animal, se présente. Sa fureur est destructrice, il tente de m'impressionner, mais je n'ai pas peur, je reste concentrée sur ce que l'on me demande de faire : l'amener à descendre dans le bas astral. Je sais que je n'ai pas le choix. Les anges arrivent et c'est avec eux qu'il débute la descente. À ce moment-là, je ressens une griffe dans mon dos, une douleur puissante. Je continue malgré tout à suivre la procédure, jusqu'à ce qu'il disparaisse dans ce trou béant et nauséabond.

Lorsque le son du bol s'arrête alors que je continue de tourner le maillet tout autour, je sais que c'est terminé. Je dis à Laurent que je dois m'occuper de moi avant de pouvoir lui expliquer ce qu'il vient de se passer. Dans mon dos, je ressens comme deux griffes accrochées, c'est une douleur vive. Elles ne se voient pas, mais elles sont là énergétiquement. Je les retire avec beaucoup de mal. Ensuite, je referme la plaie énergétique, suture et remet de l'énergie. La douleur diminue rapidement. Je comprends que je dois réellement me protéger lors d'un soin comme celui-ci.

Je reviens vite vers Laurent, toujours allongé sur la table de soin. Je lui demande ce qu'il a ressenti, s'il s'est senti pris à la gorge, s'il a eu une sensation d'étouffement. Il a ressenti des choses mais ne peut dire précisément quoi. Lorsque les entités quittent un corps, cela provoque des sensations différentes selon des personnes, mais elles se situent très souvent au niveau du cœur, de la gorge, sur la tête ou dans le ventre.

Laurent entre à nouveau dans ses propres énergies, reprend des couleurs. Je lui explique ce qu'il vient de se passer. Il comprend et m'avoue qu'il a eu l'impression d'être spectateur de la scène avec son épouse, mais impuissant et terrorisé. Cela est normal puisque son corps répondait à l'entité meurtrière.

Nous avons ensuite travaillé en libération émotionnelle sur des mémoires familiales d'emprisonnement, car Laurent m'a confirmé que l'un de ses ancêtres avait bien été mis en prison alors qu'il était innocent. La déprogrammation efface la mémoire inconsciente qui a contribué à attirer cette entité pour qu'elle n'impacte plus la lignée suivante.

Par la suite, Laurent s'est présenté à son procès. Il a été relaxé, avec une mise en garde du juge précisant que si la moindre violence était à nouveau constatée, il serait immédiatement mis en détention.

Je veux bien croire que cette histoire vous fait frissonner, ou même vous effraie. Ce n'est évidemment pas mon objectif. Cependant, il est nécessaire de comprendre que certaines personnes ne sont plus propriétaires de leur corps, ni responsables de leurs faits et gestes. Il existe des êtres monstrueux qui peuvent tenter de nous parasiter, surtout si nous nous livrons à des actes qui abaissent notre énergie comme fumer du cannabis ou prendre de la drogue, boire de l'alcool en excès, être particulièrement triste et désespéré sur une longue période. Quand s'ajoute à cela une programmation inconsciente due à des mémoires ancestrales correspondant aux mémoires de l'entité et à sa situation (même structure familiale, dans le cas de Laurent), alors cette entité peut entrer. Mais rassurez-vous ! Ces cas de possession sont rarissimes. Lorsque vous êtes dans une bonne énergie, vous ne risquez rien, parce que vous n'êtes pas sur la même longueur d'onde que l'entité néfaste, vous êtes donc inaccessible. D'où la nécessité de cultiver la bonne humeur, la joie, de travailler sur nos mémoires enfouies, et surtout de ne pas sombrer dans une dépendance délétère pour rester maître de notre destin.

# Le bébé trop vite propulsé dans la lumière du monde

Mon cousin, que j'adore, m'avait invitée à sa pendaison de crémaillère (quelle drôle d'expression !). J'étais si heureuse de voir toute la famille réunie et de découvrir sa jolie maison.

Ce jour-là, il fait beau, des tentes sont installées. Les invités arrivent les uns derrière les autres dans des tenues d'été aux couleurs chatoyantes. Tout le monde a le sourire. Les salutations vont bon train et nous nous retrouvons rapidement chacun avec un verre à la main.

Un jeune couple approche. Ils ont entre 30 et 35 ans, la maman tient la poussette. Je me réjouis par avance de découvrir la petite frimousse de son bébé. Après avoir dit bonjour aux parents et demandé l'autorisation, je passe la tête sous l'ombrelle de la poussette. Contre toute attente, j'ai un mouvement de recul : l'énergie douloureuse qui émane du bébé m'atteint de plein fouet. Je découvre un petit être en souffrance, il a les yeux presque fermés par des boutons infectés, sa tête est rouge écarlate.

Caroline, sa maman, me confie qu'il souffre de chalazions et devra être opéré s'il ne guérit pas. Alors délicatement je lui demande si elle a vu un magnétiseur. Elle me répond que sa maman a tenté de faire un soin à son petit-fils, mais que d'après elle, le bébé était plus fort qu'elle. Il n'y a pas eu de résultat.

Voyant qu'elle est sensible aux voies de guérison naturelles, je commence à lui expliquer que je peux peut-être faire quelque chose pour son petit Paul. Je lui présente succinctement mes activités et immédiatement elle accepte que je m'occupe de son fils. Je lui demande la permission de le prendre dans mes bras, en précisant que nous allons monter ensemble dans la salle de bain où il y a une table à langer. Dès que Paul est dans mes bras, tout le monde se retourne vers moi : il s'est mis à pleurer très fort. En fait, il est en train de me parler. Lui, son âme ou ses guides m'expliquent que la cause de sa souffrance remonte à sa naissance.

Je questionne Caroline : « Que s'est-il passé à la naissance ? » Je pensais qu'elle allait me dire que le bébé avait eu du mal à sortir, qu'il avait fallu sortir les forceps ou des ventouses, bref, qu'il avait beaucoup souffert, mais pas du tout. « L'accouchement a été tellement rapide que je n'ai rien eu le temps de voir. Il est sorti comme une balle », m'annonce-t-elle.

Je comprends instantanément. Nous sommes maintenant dans la salle de bains et je commence à lui expliquer : « Paul n'a rien vu non plus. Pour lui, il est toujours dans ton ventre. Il ne veut pas voir ce monde, il n'a pas été assez préparé, ça a été trop vite pour lui aussi. C'est la colère qui ressort par ses yeux. L'inflammation, c'est de la colère. » Caroline fond en larmes au fur et à mesure de mes explications. « Il était bien au chaud dans un monde où les sons étaient filtrés par le liquide amniotique et la peau de ton ventre, où la lumière était peu présente, où il était seul et paisible, et, d'un seul coup, il arrive dans un monde où d'autres personnes le touchent, des personnes qui n'ont pas ton odeur. La lumière l'agresse, les sons aussi, c'est très violent pour lui, tout comme ça l'a été pour toi. Vous êtes branchés en Wi-Fi l'un sur l'autre ; tout ce que tu ressens, il le ressent. Déjà, dans ton ventre, le liquide amniotique prenait le goût de tes émotions. »

Tandis que je parlais à sa maman, Paul s'est mis à pleurer. C'était aussi pour lui, tout ce que je disais. Même s'il ne comprenait pas mes mots, émotionnellement, il comprenait tout.

Je mets Paul dans les bras de sa maman et commence à lui faire le soin. Je ressens alors que l'énergie de son corps est concentrée uniquement dans sa tête, c'est pour cela qu'il est tout rouge, comme s'il allait exploser. J'enlève sa couche pour pouvoir faire le soin et pour qu'il ait moins chaud. Je travaille avec les énergies de la Source qui arrivent par le sommet de ma tête, passent dans ma nuque, mes épaules, mes bras, et ressortent par mes mains. J'expulse les énergies néfastes dans la terre par mes pieds.

Je souhaite la bienvenue à Paul dans ce monde. Je parle à son âme. Je lui dis qu'il est bien arrivé, même si ça a été trop rapide. Je lui dis à quel point je suis heureuse de le voir, qu'il est accueilli par sa maman, son papa et sa petite sœur, et qu'il a à vivre plein d'aventures merveilleuses ici, dans cette vie.

Il s'est s'arrêté de pleurer au moment où je lui ai souhaité la bienvenue. Les énergies subtiles se sont mises à circuler tout le long de son petit corps et il semble manifestement soulagé. Sa maman a cessé de pleurer ; elle aussi est soulagée car le moment a été éprouvant pour elle. J'explique à Caroline que son bébé ne faisait qu'un avec elle jusqu'à environ 7 ou 8 mois. Arrivé à cet âge, il découvre que sa maman peut s'absenter. Il se met en général à pleurer quand elle sort de la pièce, s'il ne se sent pas rassuré. C'est pourquoi il faut parler aux enfants, surtout lorsqu'ils n'ont pas encore la parole. Il faut leur dire tout ce que l'on fait, c'est apaisant pour eux.

Le soin se termine, le visage de Paul a retrouvé une couleur normale. L'inflammation s'est estompée, aucun liquide ne coule plus dans ses yeux. Lorsque l'on descend rejoindre les invités, tous sont surpris : le visage du bébé a déjà tellement changé. Il est apaisé. Paul va rester un long moment assis sur les genoux de son papa, sans rien dire.

Sa maman m'enverra ce message quelques jours plus tard : « Tu ne t'imagines même pas le bien que tu as fait. J'ai arrêté les trois traitements à la cortisone, le médicament, le soin des yeux et la crème, dès le jour où tu as fait le soin, car ils ne donnaient aucun résultat, mais vraiment aucun. Et surtout, ce n'était plus nécessaire. Toutes les personnes autour de moi ont vu l'amélioration, elles ont été impressionnées. Je te remercie du fond du cœur. »

Pour que tout soit bien clair, je ne prêche pas pour l'arrêt des médicaments. Je n'ai rien contre les traitements, mais lorsqu'ils ne sont pas efficaces, il est important de rechercher d'autres pistes. Pour Paul, nous étions dans ce cas de figure. Ce jour-là, les guides de cette petite famille ont bien fait les choses. Et heureusement, cela lui a évité une opération des yeux.

# Vivien face à l'attaque de forces obscures

Durant l'écriture de ce livre j'ai reçu Vivien, un jeune homme mince, pas très grand, aux cheveux bruns et frisés, d'allure fragile. En principe, je ne donne plus de consultation, mais je le connaissais déjà, j'ai fait une exception. Il souhaite me parler parce qu'il est totalement effrayé. La nuit, alors qu'il est endormi, il pousse des cris. Ce sont ses parents qui le lui ont appris.

Tout cela a commencé quand il avait environ 8 ans. Il était somnambule et pouvait se retrouver à la cave alors que sa chambre était au deuxième étage. Puis les hurlements ont commencé. Ses parents ont tenté de l'apaiser, sans résultat. Aujourd'hui, ils ne savent plus quoi faire, plus comment l'aider. Pas une seule nuit ne se passe sans cris. C'est un cauchemar pour tous.

Vivien m'a apporté les enregistrements de ses nuits. Il appelle au secours, il a mal, comme s'il était roué de coups. C'est impressionnant. Il me dit qu'il se réveille fatigué, qu'il n'en peut plus, ça l'inquiète énormément. Chose étonnante, chaque fois qu'il écoute les enregistrements, il comprend pourquoi il a poussé ce cri à ce moment-là. Tout porte à croire que les enregistrements lui font retrouver la mémoire de ce qu'il se passe pendant la nuit : il se sent attaqué et dans l'impossibilité de se défendre, il est terrorisé.

Lorsqu'il me raconte cela, je ne sais pas s'il croit en quoi que ce soit, s'il a déjà eu des contacts avec le monde invisible. Je ne sais pas ce qu'il a fait, mais je ne vais pas le laisser dans cette situation. Certaines personnes peuvent rester possédées toute leur vie et avoir envie de mourir. Elles peuvent même passer à l'acte, sans que leur entourage ne comprenne leur geste. Les insomnies peuvent déclencher des symptômes et des maladies plus graves.

Je propose à Vivien de regarder ce qui se passe pour lui sur le plan énergétique. Il accepte. Sa famille vient du Portugal, un pays où une grande partie de la population se connectent avec le monde de l'invisible, soit en sachant qu'il existe, soit par leur foi. Le niveau vibratoire de Vivien est très bas pour son âge (il a 19 ans). Il a cinq entités en lui, ce qui décale ses corps subtils, ses chakras, ses énergies vitales. Je lui propose un soin énergétique, qu'il accepte aussitôt. Il se dit prêt à tout pour que l'horreur qu'il vit chaque nuit s'arrête.

Vivien s'installe sur la table de soin. Je commence à sentir ses énergies en rapprochant mes mains de son corps physique. Je peux voir ses corps subtils autour de lui ; comme il n'a pas beaucoup d'énergie, ils sont proches de son corps physique. Je sens également une odeur de cannabis. Je lui demande s'il en a consommé, il me répond par l'affirmative. Tout en continuant d'inspecter son aura, je lui explique que la drogue met dans un état second, ce qui permet à des entités mal intentionnées d'entrer dans l'aura. C'est sans doute la raison pour laquelle il héberge involontairement cinq entités.

Comme d'habitude, je vais chercher mon bol tibétain vert. Il sonne très bas au début, lorsque je suis sur la résonance énergétique de Vivien, puis de plus en plus fort. Mon intention est d'entrer en contact avec les entités. Immédiatement, quatre d'entre elles se présentent par des petits crépitements, tandis que la cinquième émet de forts grondements dans le bol. Je comprends qu'il y a une entité maléfique. Je m'en doutais, évidemment, lorsque j'ai entendu les enregistrements des nuits de Vivien.

Des êtres de Lumière nous entourent. Je demande une protection renforcée pour Vivien comme pour moi. Assez vite, les quatre entités montent dans la Lumière. Ces âmes sans corps n'avaient pas compris qu'elles étaient décédées. Elles cherchaient un chemin, une manière de trouver la Lumière, et elles y sont parvenues. Puis, je prends une grande inspiration, je sais qu'il va falloir descendre dans le bas astral avec l'entité malveillante. Avec un renfort du monde invisible, la procédure se finalise.

Lorsque je regarde à nouveau le taux vibratoire de Vivien, il est déjà beaucoup plus haut qu'avant. Mon pendule me confirme que toutes les âmes sont bien passées. Je le savais déjà, je l'avais senti, mais je vérifie toujours avec mon pendule, c'est ma manière de pratiquer. Ensuite, j'ai remis en place tout ce qui devait l'être sur le plan subtil, j'ai aligné les chakras, j'ai enlevé les parasites, etc.

Vivien m'indique que lorsque l'entité maléfique a commencé à sortir, il a senti sa gorge se serrer, à tel point qu'il n'arrivait plus à avaler sa salive. Il avait les larmes aux yeux. Le travail s'est bien déroulé, il n'avait pas de doute sur ce que je lui avais expliqué, mais il a pu le ressentir, ce qui l'a impressionné.

J'ai discuté avec lui après le soin. Je lui ai dit que j'avais vu beaucoup d'images de violence. Il m'a confirmé qu'il avait été attaqué un jour qu'il allait chercher du cannabis. Quatre jeunes hommes s'en étaient pris à lui et l'avaient battu. Il avait eu très peur, il s'était senti humilié, et n'avait jamais osé en parler à qui que ce soit.

Pour l'aider, je lui propose de libérer les émotions qui se sont cristallisées en lui lors de cet événement douloureux. Il accepte, et en une dizaine de minutes, c'est terminé. Son visage change, son taux vibratoire est excellent. Lorsqu'il repart, il me dit être apaisé.

Quelques jours plus tard, Vivien m'a donné de ses nouvelles. Il dort bien. Le soir de notre séance, il est tombé comme une masse et en a oublié de brancher son enregistreur. Le lendemain, il a pensé à le faire, et le matin, il a eu la merveilleuse surprise de découvrir une bande son sans aucun cri ni appel au secours.

J'espère pour lui qu'il ne va pas à nouveau consommer de substances illicites, parce que malheureusement d'autres entités pourraient revenir. Sans le savoir, Vivien est un canal, et les âmes sans corps le savent. Mais s'il suit mes recommandations, il sera à l'abri.

## SAVOIR REPÉRER LES SIGNES DES DÉFUNTS

Quand je parle des signes envoyés par les défunts dans mes vidéos YouTube, les réactions sont nombreuses et variées. La plupart des gens me disent qu'ils en ont reçu eux aussi, qu'ils sont rassurés de savoir que leurs proches décédés vont bien, que la vie doit être savourée et que l'essentiel, c'est l'amour. Puis, il y a ceux qui n'y croient pas et pensent que ce ne sont que des coïncidences. D'autres réclament des preuves concrètes, irréfutables. Et il y a ceux qui aimeraient y croire, mais qui ne voient rien. Leurs défunts tentent inlassablement de leur envoyer des signes, mais ils ne les perçoivent pas parce qu'ils n'y croient pas. Mais comment voir des signes si vous n'y croyez pas ? C'est un cercle vicieux.

Pourtant, les défunts sont là, tout près de nous. Ils veillent sur nous, veulent nous voir heureux et nous assurer qu'il y a bien un après. Ils aimeraient que l'on se réjouisse pour eux, car ils sont en paix, entourés d'amour. Ils font tout pour nous le faire comprendre et utilisent pour cela toutes sortes de moyens.

### Des phénomènes électriques

C'est l'un de leurs modes de communication préférés. Parce qu'ils sont désormais dans une matière subtile et invisible, comme les ondes électriques ou radios, ils interagissent facilement avec les lumières et les appareils électriques : une radio ou une télévision qui change de station toute seule, un téléphone qui sonne sans appelant identifié ou le nom du défunt qui s'affiche. Certains racontent même avoir entendu la voix de leur proche décédé au téléphone !

J'ai moi-même utilisé ce code avec ma belle-mère, Jeannette. Avant son décès, j'allais passer le plus de temps possible auprès d'elle et veillais à la soulager comme je pouvais. Je lui ai demandé de faire clignoter les lumières lorsqu'elle serait bien arrivée de l'autre côté. Quelques jours après sa mort, alors que j'animais une formation avec une dizaine de personnes, je les ai prévenues que je venais de perdre ma belle-mère et que même si je savais qu'elle était toujours là, le manque restait douloureux.

Soudain, alors que j'étais en train d'expliquer quelque chose et que je n'y pensais plus du tout, les lumières se sont allumées et éteintes trois fois, comme un message clair : « Je suis là, ça y est, je suis bien arrivée. » Parmi les participants, une femme, Audrey, médium depuis l'enfance, a immédiatement réagi : « C'est ta belle-mère, elle est bien arrivée ! » Pourtant, je ne lui avais jamais parlé de notre code.

Un autre événement troublant s'est produit, chez nous, cette fois : une lampe extérieure qui ne fonctionnait plus depuis plusieurs années s'est soudainement allumée après le décès de Jeannette. Nous n'avions jamais changé l'ampoule, car cette zone est inutilisée la nuit. Mon mari, qui avait du mal à croire à une vie après la mort, a été stupéfait. Cette lumière est restée allumée plusieurs jours, puis s'est éteinte… précisément le jour où, pendant la formation, les lumières ont clignoté trois fois.

J'ai reçu de nombreux témoignages de personnes me racontant que les lumières sont souvent utilisées par leurs défunts pour leur montrer qu'ils sont toujours là.

## Des odeurs familières

Il arrive que l'on perçoive subitement une odeur associée au défunt, comme son parfum, l'odeur du tabac qu'il fumait ou même celle d'un plat qu'il aimait cuisiner. Cela m'est arrivé, j'ai plusieurs fois senti le parfum musqué de l'après-rasage de mon papa. Je l'aimais de tout mon cœur, et il le sait, de l'autre côté. C'est sans doute pourquoi, parfois, comme lorsque nous avons allumé une bougie pour lui dans une église, j'ai senti son parfum. Je n'arrivais plus à bouger de l'endroit où je le ressentais,

sachant qu'il était tout près. Je regardais autour de moi, il n'y avait personne. Mon côté cartésien revenant en force, je me disais que c'était peut-être le parfum d'un homme qui venait de passer, mais il n'y avait personne.
Ce peut être aussi l'odeur d'une fleur que le défunt aimait particulièrement. Cela est déjà arrivé dans une de mes formations ; ça sentait la rose, c'était délicieux. C'était adressé à l'une de mes apprenantes.

## Des signes dans l'environnement

**Des plumes blanches.** Après le décès de mon papa, j'ai souvent remarqué de jolies plumes blanches sur mon chemin. Beaucoup d'internautes me disent dans leurs commentaires qu'ils ont reçu le même signe. Je me souviens d'une personne qui m'avait confié avoir découvert une plume sur son bureau alors qu'elle avait quitté la pièce la veille après avoir bien pris soin de fermer porte et fenêtres.
**Des cœurs qui apparaissent comme par miracle.** Durant mon séjour aux Philippines, pas une seule journée n'est passée sans que je voie un cœur dessiné dans un endroit improbable. L'autre jour, alors que j'étais en consultation en visio, un cœur s'est formé avec deux mèches de cheveux de ma cliente. Si vous ouvrez les yeux, vous verrez que l'amour est partout autour de nous. Nos défunts nous le font savoir sans cesse par tous ces cœurs qui apparaissent délicatement dans notre environnement.
**La forme des nuages**. Lorsque j'étais aux Philippines, j'ai également vu un ange dans les nuages. C'était incroyable et à la fois impossible de ne pas le remarquer. J'ai pris une photo et toutes les personnes qui l'ont vues ont été stupéfaites. Voici cette photo et, en dessous, un zoom qui permet de distinguer le cœur lumineux de l'ange.

**Une pièce de monnaie sur le chemin.** Vous vous rappelez quand, adolescente, j'ai trouvé comme par miracle l'argent dont j'avais cruellement besoin (voir chap. *La graine était semée*, page 31) ? J'avais imploré le Ciel. « Ils » ont répondu. Était-ce mon grand-père paternel, ma grand-mère ? Je n'en sais rien.
**Un objet qui tombe sans raison apparente.** Lors de mes consultations, beaucoup m'ont confié qu'un cadre photo était tombé dans la nuit, ou un objet particulier alors qu'ils rentraient du travail. Certains avaient tout de suite compris ; d'autres avaient besoin de réponses, et c'est la raison pour laquelle ils venaient me consulter.
**Une horloge ou une montre qui s'arrête à une heure symbolique.** Qui n'a pas déjà entendu parler de cela ? Il est fréquent qu'une montre s'arrête précisément au moment d'un décès, comme pour indiquer que le temps s'est arrêté, puisqu'il n'y a plus d'espace-temps de l'autre côté.

## Les synchronicités

Avez-vous déjà remarqué des coïncidences troublantes, qui arrivent au bon moment, comme si l'Univers vous soufflait un message ? Par exemple, un livre qui tombe entre vos mains juste quand vous en avez besoin, une personne qui appelle au moment où vous pensiez à elle, ou une répétition de signes qui vous poussent dans une direction... Carl Jung appelait cela des synchronicités, des événements reliés entre eux non par une cause apparente, mais par un sens profond. Il voyait ces phénomènes comme des ponts entre notre monde intérieur et l'extérieur, des manifestations de l'inconscient collectif qui nous guident.
J'ai appris à être attentive à ces clins d'œil du destin. Plus je les observe, plus ils se multiplient, comme si, en prêtant attention aux signes, je me mettais en résonance avec un flux invisible, une intelligence qui orchestre subtilement les événements pour nous aider à avancer.

Les synchronicités ne sont pas des hasards. Elles sont des rappels que nous ne sommes pas seuls, que l'Univers nous écoute et nous guide, à condition d'être attentifs.

## La présence d'un animal

Les défunts utilisent parfois les animaux, y compris les insectes, pour nous envoyer un message. L'animal adopte un comportement inhabituel et semble chercher à capter notre attention.

J'en ai fait l'expérience le jour des obsèques de mon oncle Dominique, que j'adorais. C'était fin octobre, il faisait froid, il y avait du brouillard. Nous avons traversé notre petit village à pied, sur au moins 300 mètres, pour rejoindre le cimetière. Normalement, à cette époque de l'année, les abeilles restent dans leurs ruches. Mais là, l'une d'elle s'est mise à me tourner autour alors que nous étions encore devant la maison de ma tante à attendre les pompes funèbres et le cercueil de mon oncle. Elle voletait juste devant mes yeux. Je lui ai dit intérieurement : « Je t'ai vu, mon oncle. Je sais que c'est toi. » Elle m'a accompagnée jusqu'à l'intérieur du cimetière. Il n'y avait pas d'autres abeilles, juste celle-ci. Je pleurais, comme tous ceux qui étaient là, ses enfants, son épouse, sa famille et ses amis. L'abeille revenait sans cesse tourner autour de ma tête. Lorsque j'ai pris des pétales de rose pour les lancer sur le cercueil, intérieurement, j'ai dit à mon oncle : « Ce n'est qu'un au revoir, tu sais bien qu'on va se retrouver de l'autre côté. Je t'aime. » Alors que je lâchais les pétales, l'abeille est partie, et je ne l'ai plus revue.

Parfois, c'est un écureuil, un papillon comme pour Elodie (voir Le message mystique du petit frère, p. 55) ou un oiseau qui viennent se poser tout près de nous.

## Des messages écrits

Juste avant d'aller consulter Sylvie Morain, une médium chevronnée, je me demandais qui serait présent : mon grand-père Daniel ? Ma grand-mère Éliane ? La maman de mon mari ? Sa belle-mère ? Mon père ? Je leur ai alors demandé de m'envoyer un signe clair pour que je puisse les identifier.
J'ai acquis de l'expérience et davantage confiance en ces signes, et pourtant, il m'arrive encore de ne pas les repérer sur le moment. La preuve ! Alors que j'écoutais une chanson que j'adore sur Spotify, j'ai vu son titre : *Daniel's Joik*. Sur le coup, j'ai buté, sans savoir pourquoi. C'est seulement après ma consultation avec Sylvie que j'ai réalisé que j'avais bel et bien reçu un message, puisque mon grand-père Daniel accompagné de ma grand-mère était là, en connexion. Ce n'est pas tout ! Plus tard, alors que je conduisais et repensais à la présence de ma grand-mère lors de la séance, je me suis sentie emplie de joie. C'était à l'instant précis où je passais à côté d'une camionnette sur laquelle est écrit ADA Réseaux… Ada est le prénom italien de ma grand-mère Éliane. Ils sont vraiment incroyables, nos chers défunts, ils nous envoient des signes exactement au bon moment ! Depuis, je suis en connexion avec mon aïeule bien-aimée. Je n'avais jamais eu de signe auparavant. Enfin… je ne les avais jamais vus !

## Les heures miroirs

Qui n'a jamais jeté un œil à l'horloge pour y voir un 11:11, 21:12 ou encore 11:22 ? Simple hasard ? Je vous le dis tout net : le hasard n'existe pas, tout a un sens. L'expérience m'a appris que ces heures miroirs sont un clin d'œil de nos guides, ou d'un défunt qui cherche à attirer notre attention.
À chaque fois que j'en vois une, je prends un instant pour noter ce que j'étais en train de dire ou de penser, puis je regarde la signification sur Internet. Le message est souvent là, souligné

par cette synchronicité. Parfois, c'est un encouragement, une validation silencieuse. D'autres fois, un avertissement ou un rappel subtil de rester alignée avec ce que je ressens profondément. Lorsque Sophie Bartczak m'a demandé d'écrire ce livre, j'ai douté de moi. Suis-je légitime pour parler de ce sujet ? Puis, pendant une semaine, l'heure miroir 12 h 12 est apparue chaque jour sous mes yeux. Or cette heure amplifie les vibrations de communication, d'expression et de créativité. Elle indique la nécessité de s'exprimer clairement et de collaborer avec les autres. Le message était évident et tout à fait aligné avec ma perception ; je n'écris pas pour moi, mais pour toutes les personnes que la lecture de ce livre aidera.

Chacun peut apprendre à décoder ces signes. Il suffit d'être attentif et de se laisser guider par son intuition. Au-delà des interprétations générales, le véritable message est souvent personnel et parfaitement ajusté à l'instant présent. Alors, la prochaine fois que vous croiserez une heure miroir, posez-vous cette question : qu'est-ce que l'Univers cherche à me dire ?

## Des rêves

Les défunts choisissent souvent les rêves pour nous transmettre un message. Ces rêves sont particulièrement marquants, réalistes et emplis d'émotion. Ils laissent une impression durable au réveil, parce qu'une véritable rencontre a eu lieu.

## Des sensations physiques

Certaines personnes ressentent une présence invisible : un frisson, une caresse sur la joue, une pression sur l'épaule ou une soudaine chaleur enveloppante. Ces sensations peuvent être un moyen pour l'âme du défunt de manifester son amour et sa présence, comme lorsque papa m'a serrée dans ses bras dans la chambre mortuaire.

## Des pensées ou intuitions spontanées

Parfois, une phrase, une idée ou la réponse à une question surgit dans notre esprit accompagnée d'un sentiment de certitude et de réconfort. Les défunts et les guides ont cette capacité de communiquer avec nous par télépathie. Lorsque j'étais très malade, ils m'ont soufflé différentes pistes pour que je puisse guérir. La souffrance ainsi que le manque de sommeil augmentent le taux vibratoire, il est alors plus facile de capter les messages envoyés. Avec le recul, je sais que j'ai été totalement guidée pour apprendre ou réapprendre, et ainsi pouvoir transmettre aux personnes souffrant de mal-être ou de maladie, ce qui m'a permis de retrouver la santé.

## Des apparitions et manifestations visuelles

Dans de rares cas, certaines personnes voient des silhouettes, des ombres, ou perçoivent un éclat lumineux fugace. D'autres ressentent une présence bienveillante près d'eux. Je pense à Mary, une amie chère à mon cœur, qui m'a expliqué qu'elle était en train de lire lorsque d'un seul coup elle a senti la présence de son papa décédé depuis de nombreuses années. Il est apparu quelques secondes, et cela ne s'est plus jamais reproduit. Ce moment a marqué Mary pour toujours, et l'a complètement rassurée pour la suite.

## Les messages délivrés à travers des médiums

Lorsque la connexion est difficile à établir directement avec leurs proches, les défunts passent parfois par des médiums qui ont la capacité de capter leurs messages et de les transmettre aux vivants. Tout comme Jacqueline l'a fait aux Philippines pour faire la paix avec Fabienne, sa belle-fille (voir chapitre des messages à transmettre aux défunts, page 121).

Les signes envoyés par les défunts sont souvent subtils et nécessitent d'être attentif et réceptif. Plus on se montre ouvert à ces manifestations, plus elles deviennent évidentes et réconfortantes.

PARTIE 3

# Ces guidances qui ont éclairé mon chemin

## Les trois signes de mon papa

C'était un jour d'octobre. J'étais en train d'essuyer la vaisselle lorsque j'ai entendu très clairement une voix m'annonçant : « Tu seras en deuil pendant les fêtes de Noël. » Je me revois répondre à mes guides par télépathie : « Non, je ne suis pas prête. Ne me retirez pas mes parents. »

Leur message résonnait comme une injonction intérieure, brutale, comme si un tiroir s'ouvrait d'un coup. Et moi, je l'ai refermé aussitôt, pensant naïvement qu'ils allaient obéir, que cela n'arriverait pas. Comme si je pouvais contrôler quoi que ce soit ! Comme si je pouvais leur donner un ordre… Qui étais-je pour me permettre de faire ça ?

Ce qui m'a surprise, c'est qu'ils n'ont rien ajouté. J'avais compris qu'ils parlaient de mes parents. Je ne savais pas si c'était de mon père ou de ma mère, mais instinctivement je savais que c'était d'eux qu'il était question. Cette prédiction était douloureuse, impossible à entendre. Je l'ai oubliée presque instantanément, ou plutôt enfouie profondément, après leur avoir dit que je n'étais pas d'accord.

Ce souvenir est remonté plus tard, quand, recroquevillée sur moi et en larmes, j'étais en route vers la maison de mes parents, avec mon mari au volant. Quand il était déjà trop tard.

Quelques heures plus tôt, maman m'avait appelée. Il était 22 h 30, ce qui n'était pas dans ses habitudes. Elle était bouleversée, papa avait fait un malaise en descendant mettre du bois dans la chaudière pendant une pause de publicité à la télé. Je lui ai dit :

— J'arrive tout de suite !

— Non, attends, je te rappelle.

J'ai compris tout de suite. J'ai rappelé aussitôt. C'est Monsieur le maire, le voisin d'en face, qui a décroché. Il m'a indiqué que les pompiers étaient là. Puis maman a repris le téléphone pour préciser qu'ils faisaient tout pour le réanimer. Je l'ai suppliée d'aller auprès de lui, de lui dire de rester avec nous. Puis elle m'a répondu :

— C'est trop tard, Talie…

Un cri inhumain est sorti de ma bouche. Mes jambes ont lâché. Mon mari est arrivé juste à temps pour me retenir avant que je ne m'effondre sur le sol.

Tout mon monde s'écroulait. Quelques minutes plus tôt, nous étions encore en train de passer un bon moment avec la sœur de mon mari et son compagnon. Tout a basculé après un simple coup de fil.

Les moments en famille ont toujours été précieux pour moi. J'ai du sang italien dans les veines, du côté de mes arrière-grands-parents maternels. Et dans cette culture, la famille, c'est sacré.

Deux jours plus tôt, le 25 décembre 2018, nous étions tous réunis chez mes parents : frères, belles-sœurs, neveux, nièces, oncles et tantes. J'étais joyeuse à l'idée de rencontrer ma petite nièce âgée de quelques mois. J'adore les bébés. J'aime parler à leur âme, je sais qu'ils comprennent tout ce qu'on leur dit. J'ai donc passé beaucoup de temps avec elle. Je suis même allée me coucher dans le lit de mes parents, à la place de mon père, pour qu'elle puisse faire la sieste au calme, et surtout qu'elle ne tombe pas du lit. Je n'étais jamais allée m'allonger dans le lit de mes parents, même enfant.

Avant de repartir, j'avais discuté avec papa dans la cuisine. Il semblait fatigué. Il m'a avoué qu'il avait mal entre les poumons. Mon mari, inquiet, a fait des recherches sur Internet, sans rien trouver de concluant. Mon oncle lui a conseillé de consulter, car il avait ressenti la même douleur avant de faire un infarctus.

Depuis sa rupture d'anévrisme, vingt ans plus tôt, la santé de papa était assez fragile. Il se plaignait souvent de douleurs ici ou là. On s'y était habitués, on avait baissé la garde. Ce 25 décembre, je l'écoutais sans m'alarmer. Je le voyais anxieux, comme toujours, une vraie pile électrique. Ça me faisait souvent sourire, je lui disais de souffler, de relativiser.

Mais quand il m'a raconté qu'il s'était senti si mal qu'il avait dû s'allonger par terre, en sueur, à côté de la chaudière, là, j'ai réagi. Je lui ai dit que ce n'était pas normal et qu'il fallait absolument qu'il voie un médecin. Il m'a alors promis qu'il le ferait.

Le lendemain, je l'ai appelé, un peu préoccupée. C'est lui qui a répondu – ce qui était très rare. Il m'a dit qu'il allait beaucoup mieux et qu'il déjeunait avec maman et mon grand-père. Le rendez-vous chez le médecin était pris pour le surlendemain. J'étais rassurée de les savoir ensemble. Je n'ai pas mesuré l'urgence. D'ordinaire, je me fie à mes ressentis, mais cette fois-ci, je n'ai rien ressenti. Ou peut-être que je ne pouvais pas. Je revois cette scène dans la cuisine comme si c'était hier. Je ne savais pas que c'était la dernière fois que je le verrais en vie.

Le 27 décembre, papa a fait une crise cardiaque foudroyante. Je n'ai pas eu le temps de lui dire au revoir. Mais je lui ai parlé, plus tard, quand je me suis retrouvée seule avec lui sur son lit mortuaire. Je lui ai dit que c'était trop dur, trop brutal, certainement pour lui aussi. J'avais besoin qu'il me prenne dans ses bras une dernière fois. Je le lui ai demandé et j'ai senti très clairement son étreinte. Je ne le voyais pas, mais j'ai senti ses bras autour de moi. Et sa tristesse.

Il avait peur lui aussi de partir. Je lui ai dit qu'il allait retrouver ses parents, son frère, ma grand-mère maternelle, qu'il n'avait pas à s'inquiéter pour nous, nous allions prendre soin de maman.

Lors de ses obsèques, j'ai accompagné maman près du cercueil, avant qu'il parte pour la crémation. Elle avait pris une photo de lui que j'avais encadrée. En la regardant, nous avons vu des larmes couler dans le coin des yeux de papa. Nous nous sommes regardées, et j'ai dit tout haut avec beaucoup d'émotion : « Il pleure. Il pleure aussi. »

Il était encore là avec nous, mais prêt à partir. Quand les pompes funèbres sont arrivées pour emporter le cercueil, maman a fait un malaise. C'est à ce moment là que j'ai vu la Lumière s'ouvrir pour lui. Il est monté, accompagné par des êtres de Lumière. C'était à la fois magnifique et déchirant. Il fallait le laisser partir. Mais pour moi, c'était trop tôt. Il y avait tant de choses que j'aurais encore voulu partager avec lui. Papa aurait eu 71 ans, un mois plus tard, jour pour jour.

Après les obsèques, je suis restée prostrée sur le canapé. J'ai annulé toutes mes consultations. J'étais en colère contre l'au-delà qui m'avait enlevé mon père. Et je m'en voulais de n'avoir rien pu faire. Avec maman, nous avons refait l'histoire dans tous les sens, et tout nous montrait que rien n'aurait pu empêcher cette fin brutale. Tout avait été orchestré.

Sur mon canapé, j'étais vide. Je ne pensais à rien ni à personne. Je voulais arrêter, ne plus consulter. Moi qui aidais des milliers de personnes chaque année, je n'avais pas pu aider mon père, alors à quoi bon continuer ? C'était comme une vengeance contre le Divin :

— Vous voulez que j'aide les autres, mais je ne peux pas sauver les miens ? Alors je ne fais plus rien.

Et puis un jour, j'ai entendu ma fille de 6 ans demander à son père :

— Ça va durer combien de temps ? Maman va être triste longtemps parce que papi est mort ?

Ce fut comme un électrochoc. J'ai compris que je faisais souffrir ma famille, alors qu'eux aussi vivaient leur propre chagrin. Je suis allée voir ma fille et je lui ai demandé pardon. Je lui ai dit que ma douleur m'avait fait oublier la sienne.

Elle était très proche de son papi. Il le lui rendait bien. Elle avait ravalé sa peine pour ne pas aggraver ma tristesse. Et je n'avais rien vu. Mais comme on dit, « tout ce qui ne s'exprime pas s'imprime. » Et cela lui a causé quelques symptômes par la suite.

À partir de ce jour, j'ai repris doucement mes consultations. Grâce à mon parcours, je savais qu'il y a une vie après la mort, que l'âme de mon papa était ailleurs, bien vivante, dans une autre dimension. Mais je lui ai quand même demandé de m'envoyer des signes, comme pour me rassurer et pour vérifier qu'il était bien arrivé « de l'autre côté ».

## Un chevreuil posté là, devant moi

Je repensais à Élodie qui, elle aussi, avait souhaité recevoir des signes de son petit frère disparu. J'ai alors demandé à mon père de me montrer un chevreuil. Papa était chasseur. Il aimait les animaux, les observer dans la nature. Il avait une affection toute particulière pour les chevreuils. Chaque fois qu'il en voyait un, ses yeux brillaient. Il trouvait cet animal majestueux et intelligent. Et moi, enfant, les rares fois où je l'accompagnais, je faisais exprès de faire fuir les animaux pour l'empêcher de tirer... Le dernier souvenir que j'ai de lui à la chasse remonte à mon adolescence, et c'était justement en présence d'un chevreuil. Je lui avais dit : « Quand je verrai un chevreuil, je penserai à toi, papa. »

Un soir, en rentrant d'un cours de salsa, je roulais sur une petite route de campagne. J'écoutais une émission à la radio où un thérapeute guidait les auditeurs pour faire un exercice. Il nous demanda de penser à un moment très heureux, « par exemple, à votre premier baiser », puis il enchaîna : « Maintenant que ce souvenir est bien présent, ressentez ce qui se passe dans votre corps puis, et pensez au jour le plus triste de votre vie. »

Et là, tout est remonté ! Le coup de fil de maman. L'annonce. La douleur qui me transperce le cœur. Ma gorge se serre très fort. Les larmes montent. Je pense à papa, je revis tout. À ce moment précis, j'entre dans un virage et je le vois... un chevreuil ! Posté là, en plein virage. Droit. Majestueux. Il ne fuit pas, ne bouge pas malgré les phares, le bruit du moteur, ma présence. Il me regarde. Je ralentis, le dépasse tout doucement. Il reste là, impassible. Alors que c'est impossible, un animal sauvage ne reste jamais ainsi figé. Mais moi, je sais. Je sens. C'est papa qui m'envoie le signe que je lui avais demandé. Il me dit : « Je suis là. Ne t'inquiète pas. Je te vois. Je veille sur toi. »

J'ai continué mon chemin, bouleversée et emplie de gratitude. Le message était clair. Fort. Indéniable. Mais ce n'était que le premier signe. Un deuxième est arrivé un peu plus tard, encore plus fort. Encore plus incroyable.

## Son alliance disparue réapparaît

Mes parents possédaient un petit appartement de 40m² dans le Jura. En 2017, lors d'un séjour là-bas, papa avait dû retirer son alliance pendant la nuit (son doigt gonflait souvent) et l'avait mise à son pouce. Mais au réveil, l'alliance avait disparu. Ils ont retourné tout l'appartement. Chambre, salle de bain, sous les meubles, dans les toilettes... Rien.

À chaque séjour, mes parents refaisaient des recherches. Les meubles ont été soulevés, tout a été déplacé, chaque recoin vérifié. Après le décès de papa, maman a continué à fouiller. Moi aussi, chaque fois que j'y allais. On inspectait les poches des vêtements, les chaussures, etc. Rien. Plus le temps passait, plus cela devenait douloureux : ce bijou symbolisait leur amour. Ne pas le retrouver était un crève-cœur.

En février 2020, j'ai ressenti comme un appel à y retourner. Je ne savais pas encore pourquoi, mais je sentais que c'était important. Durant ces trois jours, je me suis connectée à l'invisible. J'ai médité, marché dans la nature, parlé à papa. Je lui ai dit : « Papa, s'il te plaît, il faut que je reparte avec ton alliance. Il faut que je la rapporte à maman. Ce sera la preuve que tu es toujours là. »

Le deuxième jour, pendant une méditation, une image m'est apparue : une canalisation et… la bague. Elle était là, tellement réelle. J'ai visualisé mes doigts allant la chercher, puis la remontant lentement… puis plus rien. L'image a disparu. J'étais abasourdie, bouleversée, frustrée, aussi. J'ai demandé à mes guides : « J'ai bien vu la bague, mais maintenant, qu'est-ce que je fais ? Où est-elle ? »

Le troisième jour, je n'ai plus eu aucun message, aucune vision. Impossible de méditer à nouveau. Juste le silence. Le séjour touchait à sa fin. Il fallait faire les bagages, ranger. J'ai demandé à ma fille de passer l'aspirateur, puis de le ranger dans le recoin de l'entrée, là où maman stocke les chaussures. En lavant le sol, je remarque que l'aspirateur est posé sur les chaussons de papa. Je le soulève, et là, au fond du placard, dans une paire de chaussures grises de maman, je vois… l'alliance de papa. Je fonds en larmes. Mon mari me regarde, un sac-poubelle à la main, interloqué. J'arrive à articuler : « C'est l'alliance de papa ! »

Un doute me traverse. Et si ce n'était pas la sienne ? Je vérifie l'intérieur de l'anneau : « De Martine à Jacky », leurs prénoms. Mon cœur explose de joie. J'ai retrouvé l'alliance de leur amour, après trois ans de recherches.

Quand j'ai appelé maman depuis la voiture, j'étais submergée par l'émotion. Elle aussi. Elle n'arrivait pas à y croire. Mais quand elle l'a passée à son doigt, elle a su. Et ne l'a plus jamais enlevée.

Ce n'était pas fini. Un troisième signe est arrivé.

## Le merci de Jacky

J'avais tourné une vidéo consacrée aux preuves scientifiques de la vie après la mort. Parmi les commentaires des internautes, il y a avait celui d'un homme qui s'appelait Jacky, le prénom de mon père. Il avait écrit ceci : « Merci de dire ces choses. Il faut témoigner que la vie continue après la mort. C'est essentiel pour l'humanité. » J'étais touchée. Mon père ne croyait pas à la vie après la mort et voilà qu'un Jacky me remerciait de le dire haut et fort. Ce n'est pas tout : cet homme avait une fille née le 11 mai… comme moi. Même jour, même mois, c'est ce que l'on appelle une merveilleuse synchronicité.

J'ai répondu à son commentaire, et il m'a expliqué qu'il n'était pas prévu qu'il regarde cette vidéo. Il voulait écouter de la musique, mais c'est ma vidéo qui était apparue en premier. Il s'était senti obligé de la regarder. Et ensuite de commenter. C'était comme si papa passait à travers lui pour me dire « continue de témoigner. Dis-leur que la vie après la vie existe. Maintenant, je le sais. »

Ces signes sont des trésors. Des perles d'amour semées par l'invisible. Ils m'ont profondément transformée et apporté, ainsi qu'à ma mère, une paix inestimable. Merci, papa. Je t'aime et te retrouverai quand ce sera le moment pour moi.

# Des messages de défunts à transmettre

En janvier 2024, je suis repartie avec un groupe de personnes aux Philippines. Je sentais un appel et, désormais, avec les années et l'expérience, je ne me pose plus trop de questions, je réponds à cet appel. Le premier jour, nous nous sommes réunis pour faire connaissance, partager nos attentes et créer une belle cohésion. Face à moi, dans le demi-cercle que nous formions, se trouvait une femme que je ne connaissais pas. Avant même qu'elle ne prenne la parole, j'ai entendu le prénom Jacqueline résonner dans ma tête. Pourtant, lorsqu'elle s'est présentée, elle a dit s'appeler Fabienne.

Deux jours plus tard, nous nous sommes retrouvées dans le van qui nous emmenait chez un guérisseur. Et là, *Jacqueline* s'est imposé encore plus fort dans mon esprit, plusieurs fois. J'ai compris que ce message était pour Fabienne. Doucement, je me suis tournée vers elle et lui ai demandé :

— Excuse-moi, ça va peut-être te sembler étrange, mais est-ce que tu connais une Jacqueline ?

Elle m'a regardé, un peu surprise :

— Oui, c'était ma belle-mère !

Voilà, nous y étions !

— Elle veut faire la paix avec toi.

Fabienne a hoché la tête.

— Effectivement, nous étions en guerre tout le temps.

— C'est justement pour ça qu'elle veut faire la paix avec toi.

Fabienne a souri, assez émue.

— Je suis d'accord. Qu'elle parte en paix de l'autre côté. Je ne lui en veux plus, même si elle m'a fait vivre mille misères.

À cet instant, j'ai senti l'âme de Jacqueline s'élever. C'était le message dont elle avait besoin pour enfin trouver la Lumière.

Après cela, Fabienne m'a bombardée de questions : « Mais comment as-tu capté l'âme de ma belle-mère ? Comment ça marche ? » Je lui ai répondu que ce n'était pas moi qui l'avais captée, mais bien elle qui était venue me chercher. Je ne force jamais ces connexions. Je passe les messages quand ils viennent, et surtout quand ils deviennent trop insistants pour être ignorés. Tout comme le jour où au cours d'un stage animé par un coach très connu, j'ai reçu un message destiné à sa femme, qui était présente : *Dis-lui qu'elle va être enceinte.* J'ai refusé de le transmettre. Mais le message revenait sans cesse, au point de m'empêcher de me concentrer pleinement sur la formation. Malgré tout, j'ai tenu bon pendant ces cinq jours, j'avais trop peur qu'on me prenne pour une folle.

Quinze jours plus tard, je suis revenue suivre un autre stage de cinq jours, chez le même coach. En arrivant, je suis allée saluer son épouse. Comme toujours lorsque je ressens que la personne est réceptive, je l'ai prise dans mes bras. À cet instant, j'ai de nouveau entendu : *Dis-lui qu'elle est enceinte et que tout va bien se passer, même si elle a quelques petites peurs.*

Cette fois, j'ai osé, timidement :

— Tu vas peut-être trouver ça étrange, mais on me demande de te partager un message que j'ai reçu.

Elle me donna son approbation.

— On me dit que tu es enceinte…

Je n'ai pas eu le temps de finir ma phrase qu'elle m'a coupé :

— Chut ! Nous n'en avons encore parlé à personne. Nous voulons choisir le bon moment pour l'annoncer. S'il te plaît, garde le silence.

Je l'ai rassurée en lui expliquant que j'étais tenue au secret professionnel et que cela ne me regardait pas. Puis, j'ai ajouté qu'elle devait être sereine pour sa grossesse, comme on m'avait demandé de le lui préciser.

Il y a quelques années, en entendant un tel message, aussi clair, je n'aurais pas osé le transmettre. Aujourd'hui, j'assume pleinement. Peut-être que vous aussi, parfois, vous percevez des messages, des intuitions, mais doutez et n'en faites rien. Ces messages ne sont pas là par hasard. Ne pas les écouter peut vous desservir ou priver quelqu'un d'un message qu'il était censé recevoir.

# L'âme du bébé m'a parlé

J'aimerais vous partager l'histoire de David et Marion, avec leur accord, car cette aventure nous lie à jamais. David monte mes vidéos YouTube depuis plus de quatre ans. Sa femme, Marion, travaillait dans la fonction publique lorsqu'elle a appris qu'elle attendait un heureux événement. Malheureusement, deux mois plus tard, le cœur du bébé a cessé de battre. Ce fut une épreuve extrêmement douloureuse pour eux et pour leur petit garçon. Par pudeur, ou peut-être pour maintenir une relation strictement professionnelle, David ne m'en avait jamais parlé.

Marion connaissait bien le monde de la thérapie et des thérapeutes, mais elle n'avait encore jamais entendu parler des mémoires inconscientes transgénérationnelles. Un soir, elle est tombée sur un *live* de ma chaîne YouTube dans lequel j'expliquais comment ces mémoires se transmettent à travers les générations et influencent nos vies. Ce fut un déclic pour elle. Animée par l'envie de comprendre et de se reconstruire, elle a pris la décision de s'inscrire à ma formation TEDMI (technique d'effacement définitif des mémoires émotionnelles inconscientes), avec le souhait d'amorcer une reconversion professionnelle.

À chaque session, j'accompagne les praticiens dans l'exploration de leurs mémoires inconscientes. Lors de cette formation, Marion a revisité le traumatisme de la perte de son bébé et découvert que dans sa famille le schéma se répétait inlassablement : à chaque génération, la perte d'un enfant venait raviver une douleur ancienne, un chagrin non libéré. Grâce au travail que nous avons fait, Marion a pu briser cette chaîne invisible et libérer cette mémoire de perte d'enfant profondément ancrée.

Lorsqu'elle est repartie, elle se sentait différente, plus légère, libérée d'un poids qu'elle portait sans en avoir conscience.

Ce fut un tournant décisif dans son parcours, une véritable renaissance. Marion s'est inscrite à toutes mes formations, elle est aujourd'hui une praticienne expérimentée, installée à son compte, et elle accomplit un travail remarquable auprès des personnes qui lui font confiance.

Un été, alors que j'étais en vacances, j'ai ressenti le besoin soudain d'envoyer un message à David. Il était 00 h 30. Cela ne m'arrive jamais de contacter mes collaborateurs à une heure aussi tardive, mais c'était comme si quelque chose me poussait à le faire. Je lui parlais d'une vidéo de ma chaîne YouTube et, au moment d'écrire « je vous embrasse tous les trois », mes doigts ont tapé « je vous embrasse tous les quatre ». Sur le coup, j'ai corrigé en remplaçant le 4 par un 3, mais j'ai tout de même ajouté entre parenthèses « bientôt 4 ».

La rentrée est arrivée, j'ai repris mes activités et cet épisode est passé au second plan. Puis j'ai reçu ce message de Marion : « Tu es trop forte ! Rappelle-moi s'il te plaît. » Sur le moment, j'ai cru qu'elle faisait référence à la dernière supervision mensuelle des praticiens, j'avais peut-être vu juste lors du décodage d'un cas pratique.

Quand je l'ai rappelée, j'ai perçu son sourire rayonnant au téléphone.

— Tu es trop forte ! m'a-t-elle répété.

Je lui demande pourquoi, tout en donnant la réponse car j'avais compris :

— Tu es enceinte, youhou !

Elle éclate de rire.

— Oui, mais tu es vraiment trop forte !

Je ne comprenais pas encore ce qui la surprenait autant. Puis Marion m'explique :

— Nous étions en vacances en van tous les 3, et tu nous as annoncé la grossesse une heure après la conception !

J'ai remercié mes guides de me faire vivre un tel moment. Je me sentais bénie par cette grâce, emplie de gratitude. Je ressentais une joie partagée avec Marion et David. Chaque fois que je reçois ce genre de message, c'est toujours un émerveillement. Je suis humaine, et peut-être que le doute fait partie de notre nature. Pourtant, cette histoire n'allait pas s'arrêter là…

Tout excitée par cette magnifique nouvelle, j'en ai parlé à ma maman qui s'est lancée dans un calcul :

— Il est prévu pour quand son bébé ? Vers le mois de mai, si je ne me trompe pas.

J'ai recompté : d'août à mai, neuf mois… Elle avait raison !

Curieuse, j'ai contacté Marion pour lui demander la date prévue pour l'accouchement. Sa réponse m'a laissée sans voix : « Le 11 mai », le jour de ma naissance.

Marion m'a demandé si je pensais que ce serait une fille ou un garçon. Je me suis connectée à mes guides et la réponse est tombée : *une fille*. Effectivement, quelques mois plus tard, la demoiselle a montré le bout de son nez.

Mais les signes ne se sont pas arrêtés là. Lors de sa première échographie, Marion attendait son tour lorsqu'une femme devant elle a donné son prénom à la secrétaire : « Nathalie ». Un prénom qui faisait sens pour Marion, elle l'a immédiatement pris comme un signe.

Et puis, il y a eu ce moment d'angoisse : vers le sixième mois de grossesse, les médecins ont trouvé le bébé trop petit, ne se nourrissant pas assez. Marion a été hospitalisée en urgence, avec la menace d'un accouchement prématuré. Les médecins lui ont administré des corticoïdes pour accélérer la maturation des poumons du bébé, mais l'incertitude pesait. Alors qu'elle était allongée avec le « monitoring » sur le ventre, elle confia à David qu'elle n'en pouvait plus, qu'elle voulait sortir. À ce moment précis, l'infirmière a demandé à la patiente d'à côté quelle était la date de conception de son bébé. La réponse résonna dans la pièce : « Le 11 mai. » Sur le moment, bouleversée par la colère et la peur, Marion n'a pas réagi. Mais en pleine nuit, le déclic s'est fait. C'était un signe, encore un. Une présence rassurante dans cette épreuve.

Pour accompagner Marion et son bébé, j'ai demandé aux praticiennes que je forme de se réunir pour une méditation collective en leur faveur. Si bien entourée, j'ai pris contact avec l'âme du bébé pour connaître son besoin. Elle voulait que sa maman se consacre totalement à elle et arrête de travailler. J'ai transmis le message à Marion, qui a compris et s'est exécutée. Elle a pu poursuivre tranquillement sa grossesse chez elle, avec encore une petite surprise... L'âme de son bébé lui a soufflé son prénom alors qu'elle conduisait, et me l'a annoncé à moi aussi, dans les mêmes circonstances, une semaine avant sa naissance. C'était déjà une petite farceuse !

Pour la première fois, une âme prenait contact avec moi avant son incarnation. Cela a été une expérience extraordinaire et je remercie les guides et la famille au complet de m'avoir permis de vivre cette connexion.

# Chercher, comprendre, jusqu'à admettre l'évidence

Dès que quelque chose m'échappe, je ressens le besoin d'approfondir et d'éclaircir le sujet. Plus les cas que je voyais en consultation devenaient étranges, plus le monde de l'invisible me parlait avec insistance. Certes, Il se passait des phénomènes que je ne pouvais nier, mais je voulais les comprendre. Je me suis plongée dans une multitude de livres explorant les témoignages et les recherches de ceux qui, comme moi, s'étaient retrouvés confrontés à l'invisible sans l'avoir cherché.

Parmi ces auteurs, Patricia Darré a particulièrement marqué mon parcours. Journaliste cartésienne, mariée à un avocat, elle n'avait aucune croyance en ces phénomènes avant de les vivre. Tout a basculé à la naissance de son premier enfant, lorsqu'une voix lui a parlé pour la première fois. Depuis, elle voit les défunts et collabore avec des scientifiques et des archéologues pour identifier des lieux et retracer leur histoire. Ses ouvrages m'ont beaucoup appris et aidée à accepter ce que je vivais. Néanmoins, lorsqu'elle évoquait l'existence d'un côté obscur dans l'invisible, je refusais d'y croire. J'avais toujours pensé que la méchanceté n'était que le résultat de souffrances vécues. Mes propres expériences m'ont par la suite montré qu'il existe effectivement des âmes noires, des forces sombres qui ne souhaitent pas évoluer et même cherchent à éteindre la Lumière et l'amour. Cette prise de conscience a été une étape clé dans mon parcours.

Un autre livre incontournable pour moi a été *La vie après la vie*, du Dr Raymond Moody. Ce psychiatre de renom a été l'un des premiers à documenter les expériences de mort imminente (EMI). Ses recherches ont révolutionné la manière dont la science perçoit la conscience et la vie après la mort. Il a recueilli de nombreux témoignages de patients ayant vécu des expériences hors du corps, traversé un tunnel de lumière ou rencontré des défunts. Son travail a ouvert la porte à une compréhension plus vaste de ce qui nous attend après cette vie.

Lors de mes consultations, je me suis souvent appuyée sur le livre de Bernard Baudouin, *La vie au-delà de la mort – Quand la science trouve des réponses*, pour expliquer aux personnes en quête de vérité que la survie de la conscience est étudiée et validée depuis longtemps par des chercheurs. Ce livre apporte des arguments solides et accessibles à ceux qui doutent encore de cette réalité.

J'ai également été profondément marquée par les travaux de Stéphane Allix, ancien reporter de guerre qui a perdu son frère en Afghanistan. Ce drame a bouleversé sa vision du monde et l'a poussé à chercher à comprendre où était son frère après sa mort. Il s'est interrogé sur cette étrange sensation d'avoir agi mécaniquement, comme guidé par une force invisible, au moment du décès. Ses nombreux best-sellers relatent ses enquêtes sur l'au-delà et les phénomènes inexpliqués. Son livre *Le test*, que j'ai offert à ma maman après le décès de mon papa, est une expérience fascinante. Il y explique qu'il a placé cinq objets dans le cercueil de son père sans en parler à personne, puis consulté des médiums pour voir s'ils pouvaient les identifier. Leurs révélations, particulièrement troublantes, ont apporté une nouvelle preuve que la communication avec les défunts est bien réelle.

Travaillant aussi avec des enfants, j'ai trouvé un grand soutien dans le livre du Dr Olivier Chambon *Oser parler de la mort aux enfants – Approche scientifique et spirituelle*. Ce livre m'a aidée à accompagner les plus jeunes dans la compréhension de la mort et de l'après-vie en leur offrant une vision apaisante et rassurante.

Enfin, ma quête ne pouvait être complète sans explorer les sagesses ancestrales et les approches chamaniques. Le livre *Réveillez le chaman qui est en vous*, d'Arnaud Riou, a été une révélation. Il m'a permis de mieux comprendre comment nous pouvons nous reconnecter à notre intuition, à nos ancêtres et à la nature pour retrouver un équilibre et une guidance intérieure.

Ce ne sont là que quelques-uns des ouvrages qui ont jalonné mon cheminement. Beaucoup d'autres m'ont guidée vers une compréhension encore plus profonde de l'au-delà, chacun apportant une pièce supplémentaire au puzzle de mes découvertes. J'ai exploré des récits de médiums, des études scientifiques sur la conscience, des témoignages de chercheurs et de médecins qui, comme moi, ont cherché à percer les mystères de l'invisible. Chaque lecture m'a permis d'affiner ma perception et de donner plus de sens aux expériences que je vivais. J'ai en outre découvert des chiffres aussi stupéfiants que peu connus.

## Des chiffres dont personne ne parle, ou presque

Christophe Fauré, médecin psychiatre, a longtemps travaillé auprès de malades en fin de vie. Dans son livre *Cette vie et au-delà*, il partage des données fascinantes qui devraient nous faire réfléchir avant d'affirmer que nous ignorons tout de ce qui se passe après la mort. Il explique notamment que les expériences de mort imminente (EMI) sont loin d'être des événements rares et anecdotiques. Selon lui, 11 % de la population mondiale en a vécu une, soit près de 850 millions de personnes. Malgré cela, ce sujet reste tabou, souvent relégué au rang d'hallucination provoquée par des produits anesthésiques ou une réaction du cerveau mourant.

Fait intrigant, le Dr Fauré précise que les EMI sont beaucoup plus fréquentes chez les enfants (67 %), contre seulement 15 % chez les adultes. Pourquoi cette différence ? Les enfants seraient-ils plus réceptifs ? Moins influencés par le conditionnement matérialiste ? Plus enclins à partager spontanément leurs expériences ? Toujours naturellement reliés à la Source, au Créateur ?

Un autre phénomène tout aussi fascinant est celui des vécus subjectifs de contact avec un défunt (VSCD). Peu osent en parler publiquement de peur d'être ridiculisés, et pourtant une majorité de personnes endeuillées rapportent avoir vécu ce type d'expérience après la perte d'un proche. Ces contacts se manifestent de diverses façons, par exemple par des rêves intenses, la sensation d'une présence, des messages symboliques voire des manifestations physiques inexplicables. À travers mes consultations, j'ai entendu d'innombrables récits en ce sens, confirmant que ces vécus ne sont ni isolés ni imaginaires.

De même, le phénomène des expériences de fin de vie (EVF) interroge beaucoup. Toujours selon le Dr Fauré, il concerne 21 % des personnes mourantes. Ces expériences incluent des visions de proches décédés, un bien-être intense, une lucidité soudaine chez des patients en état de dégénérescence avancée, ou encore l'aperçu d'un au-delà lumineux et apaisant.

Bien documentées par les médecins et les soignants en soins palliatifs, ces expériences restent pourtant largement ignorées du grand public et sous-exploitées dans le cadre de l'accompagnement des mourants.

Encore plus extraordinaire : le Dr Jim Tucker, psychiatre et successeur du célèbre Dr Ian Stevenson, a étudié 2 500 cas d'enfants se souvenant de leurs vies antérieures. Certains de leurs récits étaient accompagnés de détails historiquement vérifiables, défiant toute explication conventionnelle.

Ces recherches, rigoureusement menées, remettent en question nos croyances sur la nature de la conscience et ouvrent la porte à une compréhension plus vaste de notre existence. Si ces phénomènes sont si répandus, pourquoi sont-ils si peu abordés ? Est-ce le poids du matérialisme scientifique, la peur du ridicule, l'influence des dogmes religieux et académiques qui freinent encore leur reconnaissance ?

J'ai pu constater à travers mes expériences et mes consultations que même ceux qui vivent ces phénomènes continuent de douter. Le conditionnement est si fort que, malgré des signes évidents, beaucoup ont encore du mal à y croire – tout comme cela a été le cas pour moi, pendant très longtemps.

Peut-être est-il temps de diffuser plus amplement toutes les recherches faites, et de reconnaître que la conscience humaine dépasse largement les limites du corps physique et du peu que nous en comprenons…

# PARTIE 4

# L'âme ne meurt jamais

## Nous sommes faits de la même matière que l'Univers

Nous parlons souvent d'énergie et de vibrations. Mes guides, eux, utilisent l'expression « plans vibratoires ». Cela m'a poussée à vouloir mieux comprendre ces notions, tant sur le plan scientifique que spirituel.

Albert Einstein a bouleversé notre perception de la matière et de l'univers avec sa fameuse équation $E = mc^2$. Elle démontre que la matière et l'énergie sont deux formes différentes d'une même réalité, interchangeables à la vitesse de la lumière. Il nous apprend aussi que l'énergie ne se crée ni ne disparaît : elle se transforme.

« Tout est énergie, et c'est là tout ce qu'il y a à comprendre. Aligne-toi à la fréquence de la réalité que tu veux et cette réalité se manifestera », affirmait le célèbre physicien. Derrière cette idée simple se cache une clé fondamentale :

nous sommes énergie, et nous avons le pouvoir d'agir sur notre fréquence.

Même s'il ne croyait pas en un Dieu au sens religieux, Einstein ressentait une profonde admiration pour l'intelligence de l'Univers, qu'il nommait le « créateur divin » ou « intelligence supérieure », et qu'il trouvait parfaitement ordonné, harmonieux, presque sacré. Il pressentait que tout est interconnecté et que nos pensées ne sont pas séparées de la toile invisible de l'Univers.

Tout dans le cosmos vibre à une certaine fréquence : les sons, les couleurs, les émotions, la matière, nos pensées. En physique, une fréquence est le nombre d'oscillations d'une onde par seconde. Nos cinq sens ne captent qu'une toute petite partie du spectre vibratoire. Et pourtant, il y a des ondes partout : radios, micro-ondes, infrarouges, ultraviolets…

Comme une radio qu'on règle sur une station précise, nous pouvons choisir à quelle fréquence nous voulons vibrer. Selon notre état intérieur, nous émettons des ondes basses ou hautes. Des chercheurs et musiciens se sont intéressés à des fréquences particulières dites « bénéfiques ». Ainsi nous savons désormais que :

- 432 Hz apaise, harmonise.
- 528 Hz favorise la régénération cellulaire.
- 639 Hz améliore les relations.
- 741 Hz nettoie les émotions refoulées.
- 963 Hz relie au Divin, à l'éveil.

À l'inverse, certaines musiques ou mots très durs peuvent nous faire vibrer bas.

Le travail de Masaru Emoto m'a particulièrement touchée. Ce chercheur japonais a photographié des cristaux d'eau exposés à différentes intentions, mots ou musiques. Résultat : l'eau répond aux vibrations. Des mots comme amour, paix, merci donnaient naissance à de magnifiques structures cristallines. En revanche, des expressions comme « je te déteste » ou « tu es nul » engendraient des formes chaotiques.

Nous sommes faits d'environ 70 % d'eau. Que se passe-t-il alors en nous quand nous nous parlons mal ou que nous écoutons des discours négatifs ? Cela affecte notre structure intérieure.

À force d'entendre mes guides me parler de plans vibratoires, j'ai voulu chercher du concret. Voici une échelle des émotions qui associe une fréquence à chaque état[3] :

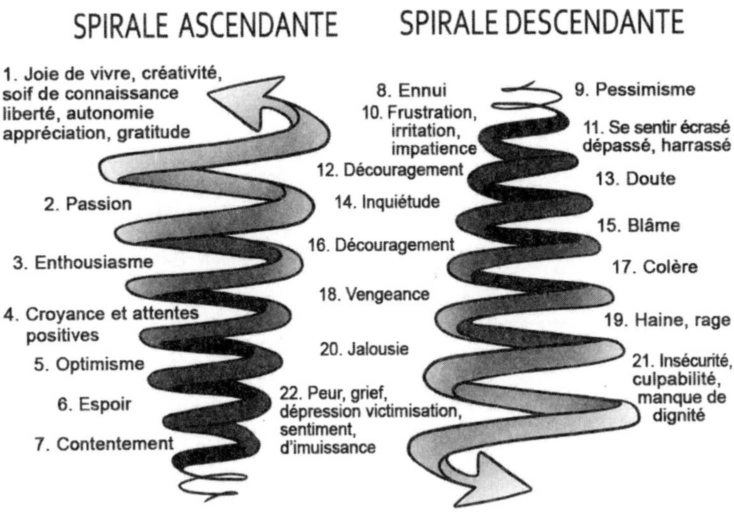


En spiritualité et en énergétique, on parle aussi de fréquences vibratoires pour décrire des états de conscience, des émotions ou des plans subtils de l'existence.

Lorsqu'on est dans la matière, on peut avoir le sentiment que tout est identique, sur la même fréquence, sur le même plan. Mais il suffit d'avoir un poste de radio pour se rendre compte

---

3. Ce schéma des spirales émotionnelles ascendante et descendante est inspiré des enseignements d'Esther et Jerry Hicks, figures emblématiques du courant de la Loi de l'Attraction. Issu de leur travail avec l'entité non-physique Abraham, cette échelle classe les émotions humaines selon leur fréquence vibratoire, partant de l'amour et de la joie (émotions élevées) jusqu'à la culpabilité et la peur (émotions basses).

qu'il faut changer de fréquence pour écouter des stations différentes. On comprend alors que plus on monte dans l'échelle émotionnelle, plus on s'aligne à des fréquences hautes, proches de celles de la Source, de l'Univers.

Certains phénomènes naturels nous montrent aussi la puissance de ces basses fréquences. Par exemple, des chercheurs ont enregistré un tigre avant qu'il attaque. Ils ont constaté que son rugissement vibre à environ 18 hertz, une fréquence qui désoriente et paralyse ses proies. Ces infrasons peuvent affecter les humains autant que les animaux en provoquant une gêne, un étourdissement, une vision floue à cause d'une vibration des globes oculaires, d'une hyperventilation et d'une peur conduisant à une attaque de panique.

La peur vibre à une fréquence comprise entre 1 et 19 hertz, tandis que la honte vibre à 20 hertz, la culpabilité à 30 hertz, la colère à 150 hertz, le courage à 200 hertz ; c'est le point de basculement vers les émotions positives ; l'amour vibre à plus de 500 hertz, la paix à 600 hertz et l'illumination à plus de 700 hertz.

Comme nous pouvons le constater, la peur est l'émotion la plus basse, correspondant probablement au bas astral, ce plan subtil où les âmes sombres et les entités malveillantes restent. Elles utilisent la peur pour entraîner dans les profondeurs les personnes fragiles, celles qui traversent un mal-être ou qui peinent à donner un sens à leur existence.

Il me semble essentiel d'expliquer tout cela avant d'aborder la notion des différents plans vibratoires. Lorsque nous sommes incarnés sur Terre, nous émettons une fréquence énergétique qui varie en fonction de notre état d'esprit, de notre personnalité, de notre vécu et des mémoires de vies passées que nous avons à travailler. Globalement, notre vibration personnelle entre en résonance avec un plan vibratoire correspondant dans l'Univers.

À la mort, « l'âme hors », une personne positive, enthousiaste et animée par la conviction qu'il existe une vie après la mort traversera plus facilement le passage vers un plan lumineux, empli d'amour. À l'inverse, une personne négative, rancunière, critique envers les autres ou engluée dans une vibration basse se retrouvera, après son décès, dans un plan vibratoire similaire à celui qu'elle entretenait sur Terre. De même, une personne très attachée à la matérialité, à ses possessions ou à son mode de vie terrestre poursuivra, d'une certaine manière, cette réalité dans l'au-delà.

Tous les cadeaux que nous recevons ici-bas sont le fruit des expériences que nous avons vécues auparavant et que nous avons réussi à transformer en quelque chose de positif. Et toutes les épreuves sont des expériences que nous avons choisies de vivre avant notre incarnation, pour les transformer, les transmuter, afin de libérer notre âme ainsi que celles de nos ancêtres.

Sachant cela, ce qui me paraît essentiel, c'est d'élever notre conscience ici, sur Terre. La vie est une formidable école, une opportunité de grandir spirituellement et d'accéder, une fois de l'autre côté, à des plans vibratoires plus élevés. Si ce n'est pas le cas, il n'y a aucun jugement à porter, car chacun suit son propre chemin, nous avons tous notre libre arbitre. Une âme qui n'a pas évolué au cours de son incarnation retournera simplement sur le plan vibratoire d'où elle venait avant de naître, avec les mêmes challenges à transformer dans une prochaine incarnation.

Pour moi, le but de notre incarnation est limpide : il nous faut évoluer en conscience et en sagesse, et le faire avec joie, en accueillant les expériences de la vie, qu'elles se présentent comme des épreuves ou comme des opportunités. Tout, en définitive, peut être perçu comme une opportunité. Nous sommes les créateurs de notre réalité, souvent de manière inconsciente, à travers nos pensées, nos vibrations et le choix des expériences que nous avons souhaité vivre ici pour les transmuter.

La séparation avec mon mari lorsque notre fille était bébé et me rejetait a, par exemple, été une épreuve difficile à traverser. Mais en choisissant d'en faire une expérience constructive, nous en avons tiré une force qui nous a fait grandir tous les deux. Notre amour et notre respect mutuels en sont sortis renforcés. De même, la maladie, aussi intense et bouleversante fut-elle, m'a offert une remise en question totale : ma manière de vivre, de me nourrir, de respirer, de gérer mes émotions et mon stress : tout a été réinterrogé. Cette traversée m'a aussi ouvert les yeux sur la nature humaine, le fonctionnement du corps, les dérives de notre société et les limites des systèmes de santé.

Ce chemin initiatique a été si profond qu'il m'a donné l'élan de transmettre tout ce que j'avais appris. Il m'a aussi transformée à jamais, me reconnectant à une énergie d'amour, pour moi-même et pour les autres, avec une aspiration profonde à l'Unité, à l'harmonie et à la paix.

Je souhaite de tout cœur que ce livre nourrisse la confiance en votre toute-puissance et non la peur qui surgit très vite lorsqu'on parle de la mort, des âmes errantes, des parasites énergétiques, parce qu'on connaît mal ce sujet. Les religions, le cinéma fantastique, l'ésotérisme ont nourri des craintes insoutenables concernant les revenants, les morts, les fantômes, les possessions, les poltergeists, les maisons hantées… Or la peur est une émotion qui vibre très bas, elle attire des énergies de la même fréquence. L'amour vibre très haut et attire des énergies qui vibrent haut. La peur bloque l'énergie et maintient l'individu dans un état de limitation, d'insécurité et d'anxiété. La peur est donc un état énergétique qui empêche l'accès aux fréquences plus élevées comme l'amour, la joie ou la paix. Le dépassement de la peur permet justement de monter en fréquence. Lorsqu'elle disparaît, c'est la foi qui surgit. Une foi puissante en l'Univers, en un Créateur et en vous-même pour manifester tout ce que vous souhaitez sur Terre.

# Que se passe-t-il après la mort ?

Cette question, aussi ancienne que l'humanité, continue de nous fasciner. Grâce à mes lectures, mes connaissances en physique quantique, les recherches de médecins et de scientifiques passionnés, ainsi que mon expérience en consultation, j'ai élaboré une théorie. Il ne s'agit pas d'une vérité absolue, mais d'une hypothèse très probable.

Avant toute chose, il me paraît essentiel de souligner l'importance de vivre pleinement notre existence terrestre. La vie ici-bas est précieuse, merveilleuse, et mérite d'être savourée dans toute sa splendeur. Plus nous apprécions la beauté du vivant, plus notre passage vers l'au-delà se fait dans l'harmonie. Nous sommes des êtres vibratoires, émettant en permanence des énergies qui influencent notre réalité. Nous avons le pouvoir de faire de notre vie sur Terre un paradis… ou un enfer. Notre nature énergétique se reflète jusque dans notre structure cellulaire qui, observée au microscope, ressemble à s'y méprendre à l'Univers, avec ses noyaux entourés d'électrons en orbite. Cette similitude n'est pas anodine : elle témoigne de notre profonde connexion au cosmos.

Pour comprendre ce qui se passe après la mort, il est nécessaire de s'intéresser à ce qui se passe pendant la vie. Nous sommes des âmes incarnées dans un corps. Cette âme, ou énergie divine reliée à la Source créatrice, est présente dans tous nos corps, qu'ils soient physiques ou subtils.

La plupart d'entre nous ont déjà vécu d'autres vies, en d'autres temps, dans d'autres corps. Avant de s'incarner, l'âme, accompagnée de ses guides, choisit les expériences qu'elle souhaite traverser, transformer, transmuter en force et en résilience. Elle choisit également ses parents, ses frères et sœurs ; ce souvent des êtres avec lesquels il reste des choses à régler ou à pacifier, ou bien des êtres de la même famille d'âme qui ont décidé de se retrouver dans une nouvelle incarnation.

D'après mes guides, l'âme arrive dans le corps physique aux alentours du troisième mois de grossesse. Elle s'y relie progressivement grâce à un cordon d'argent qui part de l'âme et se connecte au nombril. Ce cordon, tout comme l'aura (notre enveloppe énergétique), est invisible à l'œil nu pour la plupart d'entre nous.

Chaque nuit, lorsque nous rêvons, nous quittons notre corps terrestre pour voyager grâce à notre corps astral. Il peut s'agir de rendre visite à un défunt ou à nos guides pour faire le point sur nos avancées, trouver comment résoudre une problématique, ou simplement d'explorer d'autres dimensions. Nous restons reliés à notre corps physique par ce fameux cordon d'argent. C'est ce lien qui permet au corps astral de réintégrer instantanément le corps physique au réveil.

## Les sorties de corps

Certaines personnes redoutent de ne pas pouvoir réintégrer leur corps lors d'une sortie consciente. C'est impossible tant que la vie circule. Nicolas Fraisse est aujourd'hui connu pour avoir prouvé la réalité de ces sorties de corps. Il est capable de quitter son corps et de rapporter des informations sur un lieu indiqué par les scientifiques, et celles-ci se sont toujours avérées exactes.

Robert A. Monroe, pionnier dans l'étude des sorties de corps, a même formé 7 000 soldats américains à cette pratique dans le cadre de l'opération Stargate menée en 1987 et aujourd'hui déclassée par la CIA. Le but était d'espionner l'ennemi en utilisant uniquement le corps astral. Les soldats restaient physiquement aux États-Unis tout en projetant leur conscience n'importe où sur la planète, à la recherche d'indices pour déjouer des attaques ou retrouver des prisonniers[4].

Ce n'est que lorsque toutes les fonctions vitales cessent de fonctionner que, petit à petit, le cordon d'argent se rompt. À ce moment-là, l'âme, la conscience, ne peut plus réintégrer le corps physique. C'est un peu comme l'évaporation de l'eau : on passe de l'état solide (le corps) à l'état vaporeux (l'âme). La qualité de cette transition dépend en grande partie de nos vibrations et de nos croyances.

Selon les médiums, mais aussi à l'aune de mes propres ressentis, l'âme ne quitte pas immédiatement notre plan terrestre. Elle reste souvent présente jusqu'aux obsèques, le temps de comprendre, d'intégrer et d'accepter ce qui vient de se passer. Le processus de rupture du cordon d'argent peut être instantané ou prendre des heures, selon les circonstances du décès (mort brutale, maladie, vieillesse).

Je ne sais pas ce qu'il en est pour vous, mais moi, j'ai longtemps eu peur de regarder une personne décédée. Le premier mort que j'ai vu, c'était mon père. Il était allongé sur le canapé. J'avais l'impression qu'il respirait encore. On aurait pu croire qu'il dormait, mais son corps était déjà différent, vidé de l'énergie de vie. Papa était pourtant là, autour de nous, aussi secoué que nous par ce qu'il venait de vivre. Son cœur avait lâché brutalement, un infarctus foudroyant. Son âme est sortie de son corps physique par le dessus de la tête et le cordon d'argent s'est rompu. Les secours ont tout tenté, mais il était déjà trop tard.

Papa a vu tout ce qui se passait. J'imagine qu'il a d'abord cru à un cauchemar, puis il a compris. Il s'est sans doute senti hypervivant, hyperconscient. Il ressentait tout, voyait tout, mais n'éprouvait plus rien dans son corps.

Je lui ai parlé, je lui ai expliqué ce qui se passait pour qu'il accepte, pour qu'il ne s'accroche pas à cette réalité et puisse entrer dans la Lumière le moment venu – généralement, cela se passe lors des obsèques. Papa est resté avec nous jusqu'à ce

4. Voir Robert A. Monroe, *Voyages ultimes*, Éditions Le jardin des Livres, 2024.

jour-là. Puis il est monté, dans l'amour, entouré de ses proches décédés avant lui venus l'accueillir.

Certaines âmes, toutefois, peuvent rester coincées entre les plans. Cela peut arriver après une mort violente ou soudaine, un fort attachement matériel ou l'absence totale de croyance en un au-delà. Elles cherchent alors une issue. Certaines, bloquées par des émotions trop lourdes, sont quelquefois à l'origine des phénomènes dits de lieux hantés.

## Où va l'âme ?

La destination de l'âme après la mort dépend de son niveau vibratoire. Les âmes imprégnées d'amour, de gratitude ou ayant su transformer leurs épreuves de vie en force s'élèvent naturellement vers la Source – qu'on peut aussi appeler Dieu, le Créateur, l'Être suprême. Elles vibrent à l'unisson de la lumière et retrouvent cet espace originel où règnent la paix, l'amour inconditionnel et l'unité.

D'autres, en revanche, plus lourdes, engluées dans la colère meurtrière, l'égoïsme, la haine ou la souffrance qu'elles ont semés stagnent dans des plans vibratoires plus denses que l'on nomme parfois le bas astral. Là, l'âme se retrouve face à elle-même. Elle ressent intensément les blessures qu'elle a causées, revit les douleurs infligées comme autant de miroirs de sa propre ombre. Ce n'est ni une punition ni une condamnation, mais une opportunité d'éveil. L'âme revit ses actes jusqu'au moment où, dans un élan de conscience, elle demande pardon ou appelle à l'aide. C'est alors que des êtres de Lumière peuvent intervenir, la guider vers un plan plus élevé, si elle est prête à s'ouvrir à cette évolution.

L'élévation de l'âme se fait souvent à travers un tunnel de lumière, un passage entre les plans. Accompagnée par ses guides, elle revisite ensuite sa vie terrestre. Cette revue de vie se déroule dans une bienveillance totale, sans jugement extérieur. L'âme observe ses réussites, ses apprentissages, ses erreurs, les blessures causées, les relations nouées, les occasions manquées. Tout est vu, compris, intégré, jamais condamné. Car l'âme est son propre juge, et c'est à travers la lucidité de l'amour qu'elle mesure ce qu'elle a accompli… ou pas encore.

Après ce passage, un temps de repos est souvent nécessaire. L'âme peut alors être accueillie dans un espace de régénération, souvent perçu comme une chambre blanche, baignée d'une clarté immaculée, entourée d'êtres lumineux. Là, elle intègre peu à peu qu'elle a quitté son corps physique et qu'elle est revenue à l'état d'être pur. Elle se ressource, guérie, et se reconnecte à l'essence de ce qu'elle est profondément.

Puis vient le moment du choix. L'âme peut décider de poursuivre son évolution en s'engageant dans une mission depuis l'au-delà : veiller sur les personnes en grande souffrance, accompagner les enfants malades, soutenir les âmes en transition, les animaux, la Terre… ou bien apprendre encore davantage, comme mon grand-père. Les missions sont multiples, infiniment variées, toujours en lien avec les affinités et les élans de cœur que l'âme a connus sur Terre.

Enfin, arrive le moment où elle décide de se réincarner pour évoluer encore plus vite. Chaque âme poursuit ainsi son chemin, guidée par l'amour, vers une conscience toujours plus élevée. La mort n'est pas une fin mais un passage. Une transformation. Et pour l'âme, une nouvelle étape dans le grand voyage de la Vie.

Concernant le suicide, c'est un sujet sensible. L'âme d'une personne qui s'est suicidée peut ressentir intensément la douleur de ses proches. Elle tente souvent de les rassurer, de leur faire comprendre qu'elle est toujours là. Si cette âme souffrait depuis longtemps, si l'acte a été posé dans un profond désespoir, elle peut s'élever plus facilement. Mais parfois, elle reste bloquée, incapable de se pardonner cet acte irréparable. Encore une fois, il ne s'agit pas de juger, mais de comprendre. Chaque expérience est unique et façonnée par nos croyances, nos choix, et nos vibrations.

# Le sens de l'incarnation

Lors de nos contacts, par la méditation ou l'écriture automatique, mes guides m'ont expliqué à plusieurs reprises que nous ne sommes pas seuls dans l'Univers. Il existe d'autres formes de vie, des âmes incarnées sur d'autres planètes ; certaines sont bien plus évoluées que nous, d'autres moins.

La Terre est une école, l'une des plus difficiles, car une fois incarnés nous devenons des êtres émotionnels. Ici, l'amour est un ressenti ; sa vibration peut autant nous élever que nous faire souffrir. Dans l'au-delà, dans les dimensions supérieures, l'amour n'est pas une émotion mais un état d'être, ou plutôt un état d'âme. L'amour est inconditionnel. Et il en est de même pour toutes les émotions terrestres : de l'autre côté, ce sont des états d'âme.

Lorsque nous quittons ce monde après avoir fait de notre mieux pour grandir sans blesser les autres, nous passons dans un au-delà empli d'amour. Là, notre âme se souvient qu'elle est amour et retrouve son état originel. Avant de nous réincarner, nous choisissons des expériences à vivre et des épreuves à surmonter. Puis, une fois libérés de la matérialité, nous faisons le bilan : qu'avons-nous compris ? Qu'avons-nous réussi ? Et qu'avons-nous encore à apprendre et à transcender dans une prochaine vie ?

## L'apprentissage de la sagesse

Un jour, mon ami Patrick m'a posé une question que nous sommes tous en droit de nous poser : « Si Dieu est amour, pourquoi ne nous a-t-il pas faits à son image, capables de vivre tous en harmonie ? Pourquoi permettre des horreurs comme la souffrance d'enfants innocents ? » Voici la réponse que mes guides m'ont donnée : *Il faut comprendre que les choix de vie s'alignent pour vous permettre de comprendre cette vie. Comment être heureux et satisfait quand on a tout, sans faire d'efforts ? Il faut bien souffrir pour saisir la valeur du bonheur quand il est là, près de vous. C'est à vous de créer ce qui vous rend heureux et d'apprendre à l'apprécier.*

Intriguée, je leur ai demandé quel était le but de l'incarnation. Leur réponse, d'une clarté frappante, a confirmé ce que j'avais appris au travers de mes consultations : *Le but, c'est d'apprendre à aimer la vie. Vos choix d'incarnation servent à parfaire votre être. Chaque âme se donne l'opportunité d'évoluer, de grandir à travers la joie et les épreuves. Mais surtout, vous êtes ici pour apprendre à comprendre l'autre, à donner autour de vous attention, tendresse et amour. Vous devez être guidés par la Lumière et, à travers vos incarnations successives, perfectionner l'être que vous êtes.*

Nous sommes des apprentis, c'est pourquoi chaque expérience choisie peut être une opportunité de gagner en sagesse. Nous avons notre libre arbitre, bien sûr, donc la possibilité de rester dans la position de la victime ou d'adopter celle de l'apprenant qui transforme l'expérience en force, en résilience.

L'histoire nous l'a prouvé à maintes reprises : pour apprécier la paix, nous avons dû traverser le chaos. Si nous avions tout, dès le départ, nous ne saurions pas nous entraider, partager, aimer véritablement. La guerre des egos et du pouvoir renaîtrait sans cesse, tant que nos âmes ne seraient pas prêtes à respecter l'autre dans son entièreté, sans jugement, sans envie, sans critique. Certaines civilisations avancées en ont fait les frais, comme celles des Atlantes, des Mayas, de l'Égypte ancienne, de la vallée de l'Indus en Asie du Sud, et d'autres, probablement. Elles avaient tout pour prospérer, et pourtant elles se sont éteintes, écrasées par les guerres de pouvoir.

Nous avons le sentiment d'être séparés les uns des autres car nous sommes dans des corps physiques distincts. Pourtant, cette séparation est une illusion. Peu importe notre couleur de peau, notre origine, notre langue, nous provenons tous de la même Source. Nous sommes une part les uns des autres. Vous qui lisez ces mots en ce moment, vous êtes une part de moi, et je suis une part de vous. Nous sommes tous des gouttelettes d'eau appartenant au même océan.

## La vraie richesse provient du cœur

Sur cette Terre, notre plus grand ennemi, c'est notre ego. J'ai longtemps été dans cette posture, cherchant à avoir toujours raison et portant parfois des jugements sur les autres. Avec le temps, les expériences et surtout grâce à mes prises de conscience, j'ai compris que ce besoin provenait de mes insécurités et de mon ego. Apprendre à lâcher prise, à écouter avec le cœur plutôt qu'avec le mental m'a permis de me libérer de cette quête illusoire de supériorité et d'entrer davantage dans l'humilité et la compréhension de l'autre. Ce besoin insatiable d'avoir raison, d'être reconnu, de se sentir supérieur renforce l'illusion de la séparation et nous divise.

Le bonheur ne se trouve pas à l'extérieur, mais bien à l'intérieur de chacun de nous. Il ne dépend pas de ce que nous avons, mais de ce que nous sommes. Nous sommes bien plus puissants que nous l'imaginons, ou que l'on veut nous le faire croire. La véritable puissance ne réside pas dans l'argent, le rang social ou la couleur de peau, elle se mesure à la grandeur du cœur, à la tolérance, à la bonté, à l'humilité, à la compassion que nous portons en nous. Au cours de ma vie j'ai vu tant de gens riches profondément malheureux. Et à l'inverse, dans certains pays, j'ai rencontré des personnes très pauvres, prêtes à tout offrir à l'étranger venu leur rendre visite, avec un immense respect et une sincérité désarmante.

Quand viendra le moment de partir, nous n'emporterons rien de matériel. Ni nos biens ni notre argent. Rien. Alors pourquoi passons-nous notre vie à courir après ces illusions, souvent au détriment de notre famille, de nos proches, de notre propre bien-être ? Ce qui restera, ce sont les liens d'amour que nous aurons tissés et l'empreinte que nous aurons laissée derrière nous.

# L'infini fil de la Vie

Lorsque j'ai commencé à comprendre qu'il existait une dimension au-delà de nos perceptions, j'ai ressenti un besoin profond d'en savoir plus. Au fil de mes consultations, j'ai rencontré de nombreuses personnes désespérées, en quête de solutions pour apaiser un mal-être profond, parfois inexpliqué. Et au cours de l'investigation, il m'est arrivé de remonter jusqu'aux mémoires d'autres vies, enfouies dans leur inconscient, comme des empreintes laissées à travers le temps. Souvent, en libérant l'émotion liée à ces souvenirs lointains, la souffrance actuelle s'évanouissait, comme si l'âme se délestait enfin d'un poids porté depuis trop longtemps.

Ces expériences m'ont montré que nos existences ne sont pas cloisonnées, qu'un fil invisible relie nos vies passées à notre présent, et que certaines blessures trouvent leur origine bien au-delà de cette incarnation. Pourtant, à cette époque, j'éprouvais encore des doutes sur la réincarnation. J'entendais des gens me raconter qu'ils avaient fait une régression et qu'ils avaient été pharaons en Égypte, rois en Espagne ou encore déesses de je ne sais quoi ! J'avais le sentiment que ces récits de vies antérieures servaient davantage à nourrir l'ego qu'à révéler une vérité profonde. Je ne pouvais m'empêcher de me poser une question : si tout le monde avait été une personnalité illustre, où était donc passé le peuple ?

## Plongée dans nos vies passées

Alors que je cherchais une formation pour sortir de mon corps en conscience, je me suis inscrite à un stage de Patrick Drouot.

Lorsque je suis arrivée, quelle ne fut pas ma surprise de constater que c'était une formation pour apprendre à nos clients à opérer une régression dans des vies antérieures. J'ai eu une seconde de recul, puis me suis dit : « Tu es là pour six jours, alors écoute et apprends. » Et c'est ce que j'ai fait.

Patrick Drouot, physicien français et auteur de *Nous sommes immortels – La réincarnation face à la nouvelle physique*[5], a lui-même fait des sorties de corps dans le cadre de missions pour la CIA. En préambule à la formation, il a dit exactement ce que j'avais besoin d'entendre – magnifique synchronicité ou message de mes guides pour me faire comprendre que j'étais au bon endroit – « J'imagine que chaque fois que vous entendez parler de régression, vous avez des personnes qui vous disent qu'ils ont été pharaons dans l'Égypte ancienne ou ducs de Bourgogne. Vous savez, j'ai accompagné plus de 2 500 personnes dans leur régression dans des vies antérieures, et je n'ai jamais eu de roi de France ou autre. D'ailleurs, lorsque vous allez « régresser » vous aussi, il est peu probable que vous découvriez que vous faisiez partie de l'élite. » Cette entrée en matière a capté toute mon attention et au cours de cette formation j'ai pu voir des personnes qui rapportaient des solutions, des réponses à leur mal-être.

J'ai moi-même vécu une régression. Une fois de l'autre côté, comme l'avait indiqué Patrick, j'ai frappé le sol des pieds pour m'ancrer, puis observé mon apparence. Je portais une toge blanc crème maintenue par une lanière de cuir en guise de ceinture et des sandales. J'étais un homme aux cheveux longs et blancs, avec une barbe de la même couleur. Je fabriquais des potions à base de plantes médicinales pour soigner les habitants du village et des alentours. Les gens faisaient la queue devant ma modeste maison perchée sur une montagne, entourée d'autres sommets à perte de vue. Un paysage qui m'a immédiatement fait penser au Machu Picchu, au Pérou.

Lors de chaque régression, Patrick nous invitait à revivre le moment de notre mort. J'ai vu que j'étais allongé dans ma

---

5. Paru aux éditions Garancière, en 1987.

maison, entouré de nombreuses personnes qui prenaient soin de moi. Il y avait une foule rassemblée à l'intérieur et tout autour de ma demeure. Alors que je rendais mon dernier souffle, mes ultimes paroles furent : « Dites-leur de transmettre. S'il vous plaît, dites-leur de transmettre. » Patrick insiste toujours pour que nous retenions les mots que nous prononçons à l'instant où notre âme quitte le corps. J'ai alors clairement vu mon âme quitter le corps de ce vieil homme guérisseur pour remonter vers la Lumière.

Mon plus grand regret dans cette vie passée était d'avoir découvert comment utiliser les plantes pour soigner, mais de ne pas être certain que ce savoir soit transmis après ma disparition.

Pendant la pause, j'ai partagé mon expérience avec un groupe de participantes. Lorsque j'ai évoqué mes dernières paroles, « Dites-leur de transmettre », l'une d'elles m'a fait remarquer que depuis mon arrivée, je ne cessais de partager des connaissances sur des sujets variés, comme si je voulais m'assurer que rien de ce que j'avais appris ne se perde. J'avais encore du chemin à parcourir pour ma propre guérison, mais instinctivement je transmettais déjà tout ce que je découvrais sur le corps, son fonctionnement et la santé. Ce fut une révélation. Jusque-là, je n'avais pas réalisé à quel point ce besoin de transmettre était ancré en moi. Aujourd'hui, c'est devenu ma principale activité. J'ai créé un organisme de formation certifié afin de transmettre des techniques efficaces que j'ai découvertes pour aider à libérer des émotions qui rendent malades ou génèrent un mal-être.

Durant cette formation, j'ai aussi compris une chose essentielle : notre âme est immortelle. À travers ses différentes vies, elle évolue sans cesse, en quête de vérité, d'amour et d'apaisement.

## Investigations scientifiques

Longtemps reléguée au rang de croyance, l'idée d'une vie après la mort est aujourd'hui explorée par de nombreux scientifiques, notamment par des physiciens quantiques. C'est toutefois le psychiatre Raymond Moody qui, le premier, a écrit sur les expériences de mort imminente (EMI). Durant une consultation, il s'est rendu compte que sa patiente lui rapportait des éléments qui ne pouvaient pas relever de sa vie actuelle, mais d'une autre vie, à une autre époque. D'abord interloqué, il a tout de même décidé d'explorer ce terrain. Il a reçu de plus en plus de patients qui, une fois sous hypnose, pouvaient se retrouver dans d'autres vies. Des personnes qui avaient fait des EMI venaient également le consulter. Il est aujourd'hui mondialement connu pour ses recherches pionnières sur les expériences de mort imminente.

J'ai adoré lire son livre *La Vie après la vie,* publié en 1975. Il y rapporte quantité de témoignages qui tous présentent d'étranges similitudes, quels que soient l'âge, la culture, le pays, les croyances des personnes. Même les plus sceptiques, après une EMI, changent de vision sur l'après-vie. Beaucoup ne ressentent plus la peur de la mort, ils développent une grande compassion et changent parfois radicalement de mode de vie.

Des confrères du D^r^ Moody ont poursuivi ses recherches. Le D^r^ Pim van Lommel, par exemple, a mené une étude sur 344 patients ayant survécu à un arrêt cardiaque. Parmi eux, 18 % ont rapporté avoir fait une EMI et évoquent des éléments récurrents comme une vision panoramique de leur vie, une sortie de leur corps, une rencontre avec des proches décédés ou des êtres spirituels.

De son côté, le D^r^ Sam Parnia a conduit une étude sur plus de 2 000 patients ayant fait un arrêt cardiaque. Certains d'entre eux on décrit des souvenirs précis de ce qu'il s'était passé alors qu'ils étaient inconscients, ou plutôt censés être inconscients[6].

J'ai découvert aussi, avec un immense intérêt, les recherches sur la réincarnation et les souvenirs de vies antérieures du D^r^ Ian Stevenson. Ce psychiatre, professeur à l'Université de Virginie, a étudié plus de 2 500 cas d'enfants se souvenant d'une vie passée. Il a trouvé des correspondances troublantes et totalement vérifiables entre leurs récits et des événements réels. Son

6. Source : AWARE Study, 2014.

confrère Jim Tucker, lui aussi docteur à l'Université de Virginie, a étudié les cas d'enfants ayant décrit avec précision des détails de leurs vies antérieures, détails qui ont souvent été vérifiés et attestés. Certains de ces enfants avaient pu retrouver les noms et adresses de leurs parents dans une précédente vie, ou étaient en capacité de décrire les circonstances dans lesquelles ils avaient été tués. Plusieurs portaient aujourd'hui les stigmates de cette vie antérieure, par exemple une cicatrice à l'endroit où ils avaient reçu une balle dans une autre vie.

Puis j'ai adoré me pencher sur les recherches des physiciens quantiques qui confirment la survie de la conscience après la mort. Le Dr Stuart Hameroff et le physicien Sir Roger Penrose avancent que la conscience est un phénomène quantique stocké dans les microtubules des neurones. À la mort du corps, cette information quantique ne disparaît pas, elle se dissipe dans l'Univers, impliquant une persistance de l'âme.

De son côté, le Dr Robert Lanza, médecin, biologiste et chercheur en médecine régénérative, connu pour ses travaux sur les cellules souches et la théorie du biocentrisme, bouleverse la conception de l'Univers et de la mort. Il démontre que la conscience crée la réalité et n'est pas confinée au cerveau. Pour lui, le temps et l'espace sont des constructions de la conscience ; la mort n'existe pas vraiment, car le temps lui-même est une illusion créée par notre cerveau. Notre conscience peut ainsi continuer d'exister dans un autre univers après la mort, car elle n'est pas captive d'un seul espace-temps.

Pour lui, comme pour moi désormais, la mort n'est qu'une illusion et notre conscience peut se transférer dans un autre univers du multivers, c'est-à-dire une infinité d'univers parallèles. Ces découvertes démontrent que la mort n'est qu'une transition vers une autre réalité. Elle inverse notre vision du monde en affirmant que l'Univers dépend de la conscience, et non l'inverse.

Ce qui m'a également fascinée, dès mes premières découvertes, c'est l'expérience du Dr Duncan MacDougall, en 1907. Il a mesuré le poids de l'âme en pesant des patients au moment de leur passage vers la mort, juste avant et juste après. Il a observé une perte de 21 grammes. Cette expérience a été renouvelée grâce à la participation de Nicolas Fraisse, qui a accepté de se décorporer alors qu'il reposait sur un lit-balance. La pesée montre une perte de 30 grammes lorsqu'il délocalise sa conscience. Par ailleurs, certains chercheurs en bioénergie affirment que le corps, après la mort, libère une forme d'énergie mesurable. Dès lors, comment soutenir qu'on ne peut pas savoir ce qu'il y a après la mort alors que tant de personnes cherchent et trouvent des réponses ?

L'Univers s'en mêle, malicieusement. De nombreux médecins vivent en effet des expériences de mort imminente, comme pour les amener à revoir leur copie, leurs dogmes.

L'un des témoignages les plus marquants est celui du Dr Eben Alexander, un neurochirurgien réputé qui, avant son EMI, rejetait catégoriquement l'idée d'une vie après la mort. Victime d'une méningite bactérienne gravissime, il est entré dans un coma profond, son cerveau était alors totalement inactif d'un point de vue médical. Pourtant, il rapporte une expérience extraordinaire de l'autre côté : il a d'abord plongé dans un néant obscur, correspondant à son absence de croyance, avant d'être guidé par une femme lumineuse à travers un univers de paix et d'amour inconditionnel[7]. Cette expérience l'a transformé. Il consacre désormais sa vie à témoigner de cette réalité au cours de conférences données dans le monde entier, alors qu'à chaque fois qu'un de ses patients lui disait être revenu de l'au-delà il lui rétorquait que c'étaient les produits anesthésiques qui le faisaient délirer.

D'autres récits d'EMI indiquent que les individus se sont retrouvés dans des dimensions sombres et ont ressenti les souffrances qu'ils avaient infligées aux autres. Je me souviens notamment de l'histoire de cet homme impliqué dans un trafic de drogue : après un accident de voiture, il a vécu une EMI où il a été confronté aux souffrances qu'il avait causées par ses actes.

---

7. Voir Dr Alexander Eben, *La Preuve du paradis*, Éditions Trédaniel, 2013.

Marqué par cette expérience, il a radicalement changé de vie à son retour sur Terre, décidant de se consacrer à une existence plus éthique et épanouissante afin d'accéder à des plans vibratoires lumineux lors de sa mort.

Il est donc essentiel de prendre soin de notre vie sur Terre. Vivre en conscience et en harmonie avec soi et avec les autres facilitent notre passage vers l'au-delà et élève notre être. Différents médecins et chercheurs, comme le Dr Jean-Jacques Charbonier et Olivier Chambon, ont également approfondi ces questionnements en s'appuyant sur les travaux de la physique quantique et les découvertes les plus récentes.

En explorant ces documents et témoignages, il devient évident que l'idée d'une continuité après la mort repose sur des éléments concrets. Ceux qui souhaitent approfondir ce sujet trouveront de nombreuses ressources qui ouvrent des perspectives fascinantes sur notre existence et sur ce qui nous attend au-delà du voile.

Pour moi, il a été largement prouvé que la mort n'est pas la fin de la vie mais bien sa continuité. D'ailleurs, en langage des oiseaux, la mort, c'est « l'âme hors », l'âme en dehors du corps. Et ne dit-on pas rendre l'âme ? La rendre à qui ? me direz-vous. À l'Univers, à l'Esprit suprême, à Dieu, ou au grand Tout, peut-être.

# Pourquoi certains défunts ne montent-ils pas ?

C'est une question que l'on m'a souvent posée. Certaines consultations, lectures et discussions que j'ai pu avoir avec des médiums ou mes guides spirituels m'ont apporté des réponses.

Lorsqu'une personne quitte son corps, dans la plupart des cas, elle est guidée vers la Lumière par des ancêtres, des êtres chers ou des guides spirituels. Ce passage s'effectue par l'intermédiaire d'un tunnel qui s'ouvre à un moment donné ; cela peut arriver immédiatement après le décès, durant les obsèques, ou parfois bien plus tard, même des années après, si une aide extérieure intervient pour faciliter cette transition.

Le passage vers l'au-delà est grandement influencé par les croyances de la personne défunte. Notre esprit étant créateur par nature, nos pensées façonnent notre perception de l'après-vie. Ainsi, ceux qui croient profondément qu'il n'y a rien après la mort peuvent effectivement se retrouver dans un état de néant, plongés dans une obscurité totale. Ce fut le cas du Dr Eben Alexander, célèbre médecin anesthésiste-réanimateur (voir chapitre précédent, page 156).

Les visions et expériences de l'après-vie varient selon les croyances et les affinités de chacun. Ceux qui croient en Dieu peuvent voir une figure divine ou ressentir une présence lumineuse, bienveillante et emplie d'amour inconditionnel.

Ceux qui aiment la nature et pensent qu'il existe une continuité après la mort peuvent se retrouver dans des paysages verdoyants et magnifiques.

Ceux qui sont passionnés de musique entendent parfois des mélodies célestes, décrites comme exceptionnelles et indescriptibles.

Dans tous les cas, un sentiment d'amour inconditionnel, d'une puissance incommensurable, enveloppe ceux qui passent de l'autre côté, les guidant vers leur prochaine étape. Cependant, certaines âmes restent bloquées dans notre dimension pour différentes raisons.

**L'attachement à la matérialité et l'ignorance de leur décès.** Certaines personnes, trop attachées à la vie terrestre, refusent ou ne parviennent pas à réaliser qu'elles sont mortes. Elles continuent alors leur routine quotidienne sans comprendre pourquoi personne ne leur répond, personne ne les voit. Prenons l'exemple d'une personne alcoolique qui décède lors d'un coma éthylique. Ne réalisant pas son état, elle continue de « vivre » comme à son habitude, se rendant au bar et commandant des verres. Parce que dans l'au-delà les pensées se matérialisent beaucoup plus rapidement qu'ici, elle peut voir et sentir l'illusion de l'alcool qu'elle consomme, entourée d'autres esprits errants vivant une expérience similaire.

**L'attachement aux lieux et aux proches.** Certains défunts très attachés à leur demeure refusent de la quitter. Lorsque de nouveaux habitants s'y installent, l'esprit peut les percevoir comme des intrus et tenter de les effrayer, ce qui donne lieu à des manifestations de type « poltergeist ». D'autres âmes désincarnées choisiront, elles, de cohabiter discrètement avec les vivants. Tout va dépendre de l'état d'esprit et des émotions du trépassé : s'il a conservé de la colère, de la tristesse ou de la culpabilité, ses manifestations en subiront l'influence.

Il arrive aussi que certains esprits ne parviennent pas à quitter leurs proches endeuillés, surtout si ces derniers nourrissent un chagrin inconsolable. Une tristesse excessive peut retenir l'âme du défunt dans un état d'attente et d'incertitude, l'empêchant d'emprunter le tunnel de Lumière, un peu comme s'il était alourdi par le chagrin de ses proches.

**Une mort soudaine ou violente**. Les décès soudains, comme ceux survenus lors d'accidents, de comas ou pendant le sommeil, peuvent laisser l'âme dans un état de confusion. Ces défunts, n'ayant pas pleinement conscience de leur mort, errent dans notre monde, cherchant à interagir avec leur entourage sans comprendre pourquoi ils ne sont plus perçus par les vivants.

**Le cas particulier du suicide.** Dans certaines situations, l'âme peut avoir du mal à trouver le passage vers l'autre dimension. Les raisons varient : la culpabilité, le regret, l'incompréhension. Elle peut aussi ressentir le besoin d'achever une mission ou d'apaiser la douleur causée à leurs proches.

**Encore un message à délivrer.** Certaines âmes ne peuvent pas « monter » tant qu'elles ont un message à délivrer ou une mission à achever. Ce peut être une parole jamais prononcée, une injustice non réparée ou un travail inachevé. Ces âmes errantes restent alors entre deux mondes, cherchant une façon de se faire entendre, que ce soit à travers des signes, des rêves ou des manifestations plus subtiles, en passant par une médium comme cela a été le cas pour Patricia Darré. Cette journaliste et médium a un jour été parasitée par l'esprit d'un scientifique décédé qui cherchait à transmettre une information cruciale qu'il n'avait pu partager de son vivant. Sous son influence, elle a collaboré à distance avec un ancien collègue de ce chercheur, en lui transmettant des données techniques qu'elle ne comprenait pas elle-même. Ce travail commun a permis de faire émerger une formule ou une hypothèse importante. Une fois sa mission accomplie, l'esprit du chercheur s'est retiré.

Les vivants peuvent parfois aider ces âmes en souffrance en écoutant les signes, en accomplissant un dernier souhait pour elles, ou simplement en leur envoyant de la lumière et de la paix.

Il est important de comprendre que le passage vers l'au-delà est une expérience profondément influencée par nos vibrations ou fréquences, nos croyances, nos attachements et notre capacité à lâcher prise. Ceux qui restent bloqués dans notre dimension ont souvent besoin d'une prise de conscience, d'une aide extérieure ou d'un travail spirituel pour pouvoir enfin s'élever vers la Lumière et retrouver la paix.

# Et nos animaux, que deviennent-ils ?

Je ne pouvais pas écrire un livre sur l'au-delà sans parler de nos compagnons à quatre pattes. Ils font partie de notre famille et leur départ nous bouleverse parfois autant que celui d'un proche. J'ai moi-même un lien très fort avec ma petite Chipie, et rien qu'imaginer son absence m'émeut profondément. Pourtant, je sais aujourd'hui que son chemin, comme celui de tous nos animaux, comme le nôtre, ne s'arrêtera pas là.

Nos compagnons à quatre pattes ne sont pas seulement des présences affectueuses, ils sont aussi des êtres sensibles, connectés à notre champ énergétique. Leur amour inconditionnel va jusqu'à absorber nos malaises, nos maladies, parfois même nos douleurs inconscientes. Ils prennent sur eux nos fardeaux, comme une preuve ultime d'amour et de loyauté. Je me souviens d'un cas dans ma famille : ma tante, qui n'a jamais eu de problèmes osseux malgré une fragilité héréditaire manifeste dans notre lignée, a vu son chien, un boxer, développer un cancer des os, comme s'il avait pris sur lui la maladie pour la préserver. Il en est mort. Ce geste d'amour, silencieux, m'a profondément marquée.

Quand nos animaux quittent ce monde, leur âme se détache du corps exactement comme le fait une âme humaine. Ils abandonnent leur véhicule terrestre et s'élèvent. Là encore, tout dépend des circonstances de leur départ. Un animal qui meurt brutalement, par exemple dans un accident, peut ne pas comprendre tout de suite qu'il est mort, et donc ne pas voir la Lumière et le portail de l'autre dimension s'ouvrir. Il reste alors près de son maître humain, perdu, comme une âme en peine cherchant à le rejoindre, à retrouver la chaleur du lien. Il lui faudra un peu de temps pour réaliser que son maître ne le voit plus, ne le nourrit plus, ne lui parle plus. Ce cheminement est similaire à celui des âmes humaines qui errent avant de passer dans la Lumière.

D'autres animaux, en revanche, partent en conscience. Quand nous les accompagnons dans leur dernier souffle, les yeux dans les yeux, notre chagrin mêlé à notre amour profond leur parle. Ils comprennent. Et lorsque leur cœur s'arrête, que leurs fonctions cérébrales s'éteignent, leur âme s'élève, souvent par la fontanelle, et retourne à la Source.

J'ai aussi entendu un témoignage bouleversant, celui d'une médium en contact avec l'âme d'un enfant décédé. Elle décrivait un accident, une scène confuse, et à un moment, l'enfant lui a montré un gros chien marron, comme un setter irlandais, a-t-elle précisé. Les parents, en larmes, ont confirmé que leur chien était mort trois mois avant leur fils. Leurs âmes s'étaient donc retrouvées de l'autre côté.

Alors, à ceux qui me demandent s'ils retrouveront leur animal, je réponds avec certitude : oui. Son âme, comme la vôtre, est éternelle. Elle poursuit son évolution dans les mondes subtils, parfois à nos côtés, parfois ailleurs.

Mais attention, ce lien perdure également quand il a été marqué par la négligence ou la violence. J'ai été marquée par le récit d'un homme ayant vécu une expérience de mort imminente. Il travaillait dans un laboratoire d'expérimentation animale. Lorsqu'il a quitté son corps, il s'est retrouvé dans un endroit sombre, face à un mur. Entendant du bruit, il s'est retourné et a vu des chats, des chiens, des souris, mutilés, meurtris et en rage se jeter sur lui. Ce choc l'a poussé à changer radicalement de vie, car ce jour-là il a réalisé que les animaux, eux aussi, ont une âme.

Pour conclure, ce que mes ressentis, mes canalisations et les témoignages reçus m'ont appris, c'est que l'amour que nous partageons avec nos animaux est indestructible. Il nous relie pour l'éternité. Il dépasse la mort, se transforme et nous réunit un jour, d'une manière ou d'une autre. Chaque lien d'amour que nous tissons avec un animal laisse une trace éternelle dans notre âme et dans la sienne.

# PARTIE 5

# Les messages de l'au-delà

## La Terre est l'école la plus difficile

La Terre est souvent considérée comme l'école spirituelle la plus difficile car elle confronte l'âme à trois grands défis : l'ego, l'illusion de la séparation et la dualité ombre/lumière. L'ego, avec son besoin de contrôle, de reconnaissance et de sécurité agit comme un filtre qui brouille la connexion à notre essence divine. Il nous pousse à croire que nous sommes seulement ce corps, ce nom, cette histoire familiale. L'illusion de la séparation, quant à elle, nous fait oublier notre unité avec le Tout : nous nous pensons isolés, déconnectés des autres, de la nature, de la Source, ce qui engendre souffrance, peur et compétition. Enfin, les émotions, intimement liées à la polarité ombre/lumière, rendent l'expérience terrestre intensément contrastée. Chaque être humain est amené à explorer la souffrance, la colère, le doute, mais aussi la joie, l'amour et la compassion dans un perpétuel jeu d'équilibre. C'est ce mélange intense qui fait de la vie sur Terre un terrain d'apprentissage exceptionnel mais exigeant, où chaque épreuve est une invitation à se rappeler qui nous sommes vraiment.

## Une épreuve est une opportunité d'évolution

Contrairement aux plans supérieurs où tout est lumière et harmonie, la vie terrestre est dense, imprévisible et parfois difficile. Mais c'est précisément cette dualité, ce mélange d'ombre et de lumière, qui permet une évolution accélérée.

La vie sur Terre n'est pas un hasard. Chacun de nous a choisi de s'incarner ici pour apprendre, évoluer et expérimenter la matière sous toutes ses formes. Nous traversons des épreuves, faisons des rencontres déterminantes, connaissons des joies et des peines, tout cela dans un but précis : grandir spirituellement et retrouver notre essence véritable et divine. La vie nous permet également de ressentir intensément des plaisirs qui ne sont pas accessibles sans corps, comme s'embrasser, faire l'amour, jouer, courir, danser…

Nous avons déjà parcouru un long chemin. Si l'on regarde l'évolution de l'humanité, nous avons dépassé l'époque de Cro-Magnon, les ténèbres du Moyen Âge, les guerres de religion, la chasse aux sorcières, l'apartheid… Autrefois, la guerre était omniprésente. Aujourd'hui, bien des pays vivent en paix. Avant, notre seule obsession était la survie ; il fallait se battre pour manger, se protéger, tenir bon. Maintenant, nous avons le privilège de pouvoir prendre du recul, de penser le monde qui nous entoure. Nous sommes libres de nous engager pour protéger la planète, les forêts, les animaux. Nous revendiquons l'égalité, la non-violence, le bien-être pour tous.

Et que dire des enfants ? Pendant des siècles, ils n'étaient pas considérés comme des êtres à part entière. Ils n'étaient que de petites mains pour travailler, des bouches à nourrir, des êtres qu'on façonnait sans vraiment les écouter. Aujourd'hui, nous les protégeons, nous les accompagnons, nous les considérons comme des êtres humains en devenir, avec des droits, des émotions, une véritable place dans la société.

Certains disent que nous vivons la pire époque. Vraiment ? Personnellement, je n'ai aucune envie de retourner au temps de l'esclavage, au Moyen Âge. Même revenir ne serait-ce que cent ans en arrière, ça ne me tente pas. Voir ma grand-mère laver son linge au lavoir, vivre sans commodités, subir la guerre, craindre que ses enfants soient envoyés au front : très peu pour moi !

Bien sûr, certains endroits du monde connaissent encore des conflits armés, l'injustice, la souffrance. Il reste du chemin à faire, mais nous avançons. Chaque génération apporte sa pierre à l'édifice. D'incarnation en incarnation, nous comprenons pourquoi nous revenons et nous progressons vers toujours plus d'amour et de Lumière. Un jour, la paix et la compréhension régneront partout. Ce n'est pas un rêve inaccessible, c'est la direction que nous prenons. De là-haut, nos guides voient notre progression et sont fiers des pas immenses que nous avons déjà faits. Ils savent que nous finirons par y arriver.

Beaucoup voient la vie comme un enchaînement d'événements, douloureux ou heureux, mais aléatoires. En réalité, tout est orchestré avec une précision infinie. C'est le Plan divin. Et lorsqu'on arrive à le percevoir, c'est comme un enchantement chaque jour renouvelé. Chaque défi, chaque rencontre, chaque situation, est placé sur notre route pour nous permettre d'évoluer. Nous sommes ici pour nous perfectionner, affiner notre conscience et développer toujours plus d'amour, de sagesse et de compréhension, même si les difficultés, la souffrance et l'incompréhension peuvent nous faire douter du sens de notre existence.

Vous le savez sûrement déjà, c'est surtout lorsque tout va mal que l'on se remet en question, que l'on cherche des solutions, que l'on évolue. Lorsque tout va bien, nous avons tendance à nous laisser porter, à ne pas interroger notre chemin.

Tout est juste. Cette phrase peut sembler choquante, surtout face à la douleur, à l'injustice apparente, aux drames de la vie. Mais lorsque l'on prend du recul, lorsque l'on regarde nos épreuves avec les yeux de l'âme, on comprend que chaque événement, aussi difficile soit-il, est une clé pour notre transformation et notre évolution.

## Comprendre l'enseignement caché

J'ai dû encaisser des coups pour comprendre à quel point je ne m'aimais pas. J'ai dû attirer la violence pour comprendre celle que je m'infligeais. J'ai dû traverser l'épreuve d'une séparation pour construire ensuite un couple fort et harmonieux et me libérer de schémas qui auraient entravé mon bonheur. J'ai dû affronter la maladie pour comprendre comment retrouver la santé, transmettre mes apprentissages et réaliser l'immense connexion qui nous unit au Divin. Sans ces défis, ou plutôt ces enseignements, ce livre n'existerait pas et je ne serais pas celle que je suis aujourd'hui, profondément reconnaissante d'avoir vécu chaque étape de mon existence et emplie d'amour pour moi et les autres.

Nous avons tous des épreuves à surmonter, des leçons à intégrer. Plutôt que de nous lamenter en nous disant « pourquoi moi ? Tout me tombe dessus, la vie est trop dure, trop injuste… », pourquoi ne pas changer notre regard sur la situation ? Et si, au lieu de nous voir comme des victimes, nous nous demandions : « Qu'ai-je à comprendre ici ? Quel est l'enseignement caché ? Puisque tout est juste, pourquoi est-ce que je vis cette situation ? Puisque ce que je vis est le reflet de ce que j'ai à l'intérieur de moi, qu'est-ce que je dois apprendre de moi pour changer cette situation ? Quel cadeau se cache derrière cette épreuve ? »

Changer notre perspective, c'est reprendre notre pouvoir. Se positionner en victime, c'est s'exclure du jeu de la vie, c'est remettre notre sort entre les mains des autres, attendre qu'ils nous réparent, qu'ils nous sauvent. Chercher à comprendre, c'est redevenir responsable. Attention, être responsable ne signifie pas être coupable, inutile de se flageller, de s'accuser, culpabiliser ou se punir. C'est reconnaître que nous avons un rôle à jouer dans notre propre évolution.

Évidemment, nous ne sommes pas responsables d'avoir choisi la terrible expérience de la maladie ou de la perte d'un enfant. Personne ne peut vouloir vivre ce genre d'épreuves. Mais souvenons-nous que ce choix se fait avant l'incarnation, lorsque nous n'avons pas d'émotion et savons que l'âme est immortelle. Lorsque l'épreuve arrive sur Terre, elle peut cependant révéler des mémoires de perte d'enfant dans une lignée. En les travaillant, il est possible d'arrêter ce schéma familial afin que les générations suivantes n'aient pas à le subir. Il arrive aussi que la perte d'un enfant réveille des capacités extrasensorielles ou qu'elle fasse tomber un parent dans un « burn out » afin qu'il comprenne à quel point il ne vivait pas sa vie. Un tel deuil peut permettre à des parents de se reconnecter au Divin et à leur véritable nature en s'ouvrant au monde de l'invisible et à la communication avec le défunt. Les réponses sont multiples. À nous de les trouver dans chaque difficulté rencontrée.

Je ne minimise absolument pas le tsunami que provoque la mort d'un enfant. Je sais que ce travail d'introspection est quasiment impossible à faire immédiatement, mais quand le temps a un peu apaisé la douleur, les questions commencent à affluer : pourquoi je vis une telle épreuve ? Que dois-je comprendre ? Peu à peu, les réponses arrivent.

Nous ne pouvons pas évoluer uniquement en théorie. C'est à travers l'expérimentation que nous intégrons les leçons de vie. La souffrance, la joie, l'amour, la perte, la résilience : tout cela nous façonne et élève notre conscience. Chaque épreuve que nous rencontrons a un sens.

L'énergie universelle, ou la vie, ne nous veut aucun mal. Elle nous tend des miroirs, elle nous guide, nous élève. Plus tôt nous choisissons d'écouter, plus tôt nous avançons vers la paix intérieure. Alors, au lieu de fuir nos épreuves, accueillons-les comme des cadeaux pour évoluer, comme des messages du Divin. Elles sont là pour nous rappeler qui nous sommes vraiment : des âmes en quête de lumière.

## Nous sommes aidés de là-haut

La Terre est une école exigeante, mais nos guides spirituels, des âmes qui nous sont chères et qui pour certaines nous ont précédés, ainsi que des êtres de Lumière nous entourent avec une infinie bienveillance. Ils nous accompagnent depuis toujours, avant même notre incarnation. Ils sont fiers de nous et nous encouragent sans relâche. Leur amour pour nous est inconditionnel, ils veillent sur nous avec patience et douceur, sans jamais imposer leur volonté. Ils respectent profondément notre libre arbitre.

Les guides sont là pour nous orienter, nous inspirer et nous donner des clés afin de mieux comprendre notre mission de vie. Cependant, leur aide ne se manifeste pas toujours de manière spectaculaire ou évidente. Parfois, c'est une simple intuition, une sensation soudaine de certitude, qui nous pousse à prendre une décision au bon moment.

Ils n'interviennent que lorsque nous les sollicitons, nous laissant le choix d'apprendre par nous-mêmes ou de demander de l'aide. Pourtant, bien souvent, nous oublions qu'ils sont là. Comme le dit si bien mon amie Anne-Hélène Gramignano, formidable médium depuis son enfance, « beaucoup de guides sont au chômage parce qu'ils ne sont pas sollicités » ! C'est absurde, n'est-ce pas ? Nous avons à notre disposition des alliés invisibles, prêts à nous soutenir à chaque instant, et nous hésitons à leur demander un coup de main !

Lorsque nous faisons appel à eux, les synchronicités s'accélèrent : une idée lumineuse surgit au bon moment, une porte qui semblait fermée depuis longtemps s'ouvre soudainement, un coup de téléphone attendu retentit, une opportunité se présente. D'autres fois, c'est une coïncidence troublante, une rencontre improbable. Il peut aussi s'agir d'un livre qui attire notre regard au bon moment, d'une parole prononcée par un inconnu qui résonne en nous, ou encore d'un rêve porteur de messages. Mais attention, les guides ont leur propre manière de nous répondre. Ce que nous demandons n'arrive pas toujours sous la forme espérée, mais toujours sous celle qui est la plus bénéfique pour notre évolution. Ils ont d'ailleurs un grand sens de l'humour et aiment nous surprendre à travers des signes et des clins d'œil subtils, si subtils parfois qu'il faut apprendre à les observer.

Il est essentiel de leur faire confiance et d'être à l'écoute des synchronicités, ces petits miracles qui nous indiquent que nous sommes sur la bonne voie. Plus nous cultivons la connexion avec nos guides de Lumière, plus nous devenons réceptifs à leur guidance. Alors, pourquoi attendre ? Apprenons à leur parler, à les écouter et surtout à leur faire confiance. Nous ne sommes jamais seuls, nous sommes aimés, guidés et soutenus, même dans les moments où nous avons l'impression d'être livrés à nous-mêmes.

La Terre est une école de l'amour. Nous apprenons à aimer malgré les différences, malgré les blessures, les conflits, les incompréhensions. C'est l'une des plus belles missions de notre existence : cultiver un amour pur, qui transcende les égoïsmes et les attachements.

# L'amour et le savoir sont immortels

Lorsque j'ai demandé à mes guides ce qu'ils souhaitaient que je partage dans ce livre, leur réponse a été claire : « Témoigne de ce que tu as vécu, de ce que tu sais. Mais surtout, parle de la Lumière que chacun peut découvrir en lui pour aider son prochain. » La Lumière doit guider vos pas. La Lumière, c'est l'amour inconditionnel. Pour l'atteindre, il faut travailler le respect, l'humilité, l'entraide, le partage, la tolérance, la compassion, l'altruisme, la bonté. La lumière est votre âme. À vous de ne pas l'éteindre. Cette étincelle d'humanité, plus ou moins grande selon le chemin que vous avez parcouru, est ce qui fait de vous ce que vous êtes.

Chacun avance pas à pas à travers ses incarnations successives, cherchant à se rapprocher de cette Lumière. Seuls quelques êtres très évolués, comme Amma, Bouddha, Gandhi, Nelson Mandela ou Mère Teresa, ont atteint ce niveau de sagesse. Mais il existe aussi de nombreuses âmes moins connues, discrètes, qui œuvrent chaque jour, à leur manière, pour apporter du réconfort et de l'amour véritable autour d'elles. Que ce soit pour soutenir les autres, défendre la cause animale, protéger la planète ou mener toute autre mission importante, ces âmes engagées sont des sources de Lumière qui, sans le savoir, font évoluer le monde. Ces âmes sont tellement évoluées qu'elles ne se réincarneront probablement plus, car lorsque le travail sur notre part d'ombre est accompli, que seule la Lumière subsiste, l'incarnation n'est plus nécessaire.

J'appelle cette Lumière l'étincelle divine. Elle est cette force de vie qui nous anime tous. Pendant plus de trente ans, je ne savais pas qu'elle brillait en moi. J'ai même tenté de l'éteindre, persuadée que ma vie n'avait pas de sens. Si j'étais partie plus tôt que prévu, cela n'aurait rien changé au cycle de mon âme : je serais arrivée sur un plan vibratoire en accord avec l'état dans lequel j'aurais été au moment de mon départ, puis j'aurais dû revenir, revivre ce que je n'avais pas réussi à dépasser, jusqu'à apprendre et transcender mes blessures.

Nos guides ne nous jugent pas. Ils nous aident à comprendre et à avancer, à nous pardonner et à retrouver le chemin de l'amour. Car nous avons tous cette flamme en nous, et toutes ces flammes sont reliées à la Source créatrice. Nous sommes tous connectés à l'amour divin, c'est lui qui nous maintient en vie sur Terre.

Il est de notre devoir, à chacun, de nourrir cette lumière en développant des valeurs d'humanité favorisant une existence plus harmonieuse et un véritable progrès collectif.

## L'amour vit par-delà la mort

L'amour véritable, celui qui transcende le temps et l'espace, ne disparaît jamais. Il se perpétue à travers les âges, se transmet de génération en génération, et demeure gravé dans l'essence de notre être. Lorsqu'un être cher quitte ce monde, son amour ne s'éteint pas. Il continue d'exister sous d'autres formes : il nous enveloppe, nous inspire. Parfois, ce défunt devient même un guide pour nous.

Dans les dimensions supérieures, l'amour est la seule véritable richesse. Sur Terre, nous avons parfois du mal à le percevoir dans toute sa pureté, car il est souvent voilé par nos peurs, nos attachements et nos blessures, par les atrocités que l'on nous montre alors qu'elles ne constituent pas l'essentiel de ce qui se passe ici-bas. En réalité, l'amour est l'énergie la plus puissante qui soit. Plus nous en donnons, plus il se multiplie. Même après la mort, il subsiste dans le cœur de ceux qui l'ont reçu, dans les souvenirs que le proche disparu a façonnés, dans l'empreinte qu'il a laissée. Chaque acte d'amour, chaque geste bienveillant est une lumière qui brille à jamais dans l'Univers.

## Le savoir, une lumière qui se propage à l'infini

Comme l'amour, le savoir ne s'éteint jamais. Une connaissance intégrée, une vérité révélée, un enseignement partagé continue de rayonner bien au-delà de celui ou celle qui les a découverts. Chaque idée transmise, chaque inspiration accueillie, chaque graine de conscience semée dans le cœur d'un autre enrichit l'âme individuelle tout autant que la conscience collective. C'est ainsi que l'humanité évolue, portée par des vagues de transmission silencieuses mais puissantes.

Lorsque nous apprenons quelque chose dans cette vie, notre âme en garde l'empreinte. J'en ai moi-même fait l'expérience. Quand j'ai commencé à m'intéresser aux plantes médicinales et aux huiles essentielles, j'ai eu le sentiment de réapprendre ce que je savais déjà. Tout me semblait familier. Dans une autre vie, j'ai été un guérisseur qui préparait des potions à base de plantes. Rien n'a été perdu. Aujourd'hui encore, quand on me parle d'un symptôme, le nom d'une plante me vient spontanément à l'esprit. Cartésienne et prudente, je vais toujours vérifier sur Internet, et jusqu'ici mon intuition, si je peux le dire comme ça, s'est toujours avérée juste.

Je suis persuadée qu'il en est de même pour les scientifiques, les musiciens, les médecins, les inventeurs… Toutes les connaissances profondément intégrées dans une vie marquent l'âme pour l'éternité. Même si notre mémoire consciente n'en garde aucune trace, notre savoir accumulé continue de nous influencer, de nous guider, de façonner notre élan intérieur. Il fait partie de notre bagage spirituel, comme un fil conducteur entre les vies, nous orientant vers ce que nous devons approfondir, transmettre ou réactiver. Lorsqu'une passion a été vécue dans une autre incarnation, il est fréquent que l'on revienne avec cette même passion accompagnée d'aptitudes déjà grandement facilitées. Cela peut se manifester dans des domaines comme le piano, la danse, la menuiserie, la cuisine ou tout autre art ou savoir-faire. Ce que l'âme a aimé et pratiqué avec intensité laisse une empreinte vivante, prête à resurgir dès que les circonstances le permettent.

## Deux richesses à cultiver

Si l'on observe notre passage sur Terre, une vérité s'impose : tout ce qui est matériel est voué à disparaître. Les empires s'effondrent, les objets s'usent, les corps vieillissent... Mais la conscience, l'âme, l'amour et le savoir, eux, traversent le temps. Ils survivent à tout.

Nous ne sommes pas ici pour accumuler, mais pour apprendre, évoluer et grandir. De vie en vie, notre lumière intérieure s'intensifie. Nos guides veillent. Inlassablement, ils nous soutiennent, car eux aussi ont traversé de nombreuses vies. Ils connaissent les méandres du chemin, les épreuves, les élans du cœur, les chutes et les renaissances. Ils sont là, silencieux parfois, mais toujours présents.

Nous ne repartons jamais les mains vides. Lorsque notre existence terrestre touche à sa fin, nous n'emportons ni biens, ni titres, ni apparences. Ce que nous gardons, ce sont les leçons gravées dans notre âme, l'amour donné, l'amour reçu. Le reste n'est qu'illusion passagère. C'est pourquoi il est essentiel de cultiver deux trésors : l'amour et le savoir.

## Apprenons sans cesse, car le savoir élève l'âme.

Ce ne sont pas tant les savoirs techniques, intellectuels ou rationnels qui transforment l'âme, mais ceux qui nous reconnectent à notre essence. Les savoirs qui élèvent sont ceux qui éveillent la conscience, qui nous rappellent que nous sommes bien plus qu'un corps et un mental. Ils nous parlent d'amour, de reliance, de respect du vivant, de lois universelles. Ils nous enseignent la compassion, l'écoute, le pardon, la responsabilité créatrice. Ils nous apprennent à voir au-delà des apparences, à sentir au-delà du visible, à comprendre au-delà des mots.

Ce sont les savoirs ancestraux transmis dans le silence d'une présence, dans le regard d'un maître, dans l'intuition soudaine qui surgit sans raison. Ce sont les vérités simples mais puissantes qui traversent les âges : tout est lié, tout est énergie, tout part de soi. Apprendre à aimer sans condition, à se libérer du jugement, à vivre en conscience de l'instant, voilà des savoirs qui transforment.

Les enseignements spirituels, la sagesse du cœur, la connaissance des lois de l'âme, l'écoute du corps et des messages qu'il nous adresse, les cycles de la nature, la mémoire de nos lignées, les mystères de la vie et de la mort, tout cela constitue un savoir vivant, vibratoire, qui nous éveille et nous élève. Surtout, c'est l'expérience vécue de ces vérités qui les grave en nous, car il ne s'agit pas seulement de savoir mais aussi d'incarner ce savoir.

## Aimons sans retenue, car l'amour est la clé de toute évolution spirituelle.

Aimer, c'est choisir l'ouverture plutôt que la peur, l'accueil plutôt que le jugement. C'est l'élan le plus pur de l'âme, celui qui transcende les frontières, les blessures, les mémoires anciennes. L'amour, lorsqu'il est libre, inconditionnel, nous reconnecte à notre essence divine. Il ne demande rien, il offre. C'est en aimant, même lorsque c'est difficile, même lorsque l'autre ne répond pas à nos attentes. C'est alors que nous grandissons véritablement. L'amour n'est pas une faiblesse, comme on a pu le faire croire notamment au garçon ; il est une force. Il est le langage universel de l'âme, celui qui guérit, qui unit, qui élève. Chaque acte d'amour, aussi petit soit-il, laisse une trace de lumière dans le monde et c'est cette lumière qui, petit à petit, transforme la conscience humaine.

Dans cette quête infinie de lumière et de vérité, nous devenons les bâtisseurs de notre propre éternité car, au bout du compte, ce que nous sommes et ce que nous avons transmis et appris continue de rayonner bien au-delà de cette vie.

# Les demandes de l'au-delà

Lorsque notre âme quitte ce monde pour rejoindre l'autre rive, elle est accueillie dans une énergie de paix, d'amour et de bienveillance par les guides, les êtres de Lumière et ce que l'on peut nommer Dieu, l'Être suprême ou le Créateur. Il n'y a ni jugement ni condamnation, seulement une profonde compréhension de notre parcours. Tout est vu à travers le prisme de l'amour.

C'est le moment du bilan. Nous posons un regard sincère sur nos réussites et sur les difficultés que nous n'avons pas réussi à dépasser. C'est alors que certaines questions essentielles nous sont posées, non pour nous accabler, mais pour nous aider à mieux comprendre notre évolution et ce qui reste à explorer dans de futures incarnations. Avons-nous passé notre vie à nous victimiser en rejetant la faute sur d'autres au lieu de chercher à savoir pourquoi nous avons choisi cette épreuve qui devait nous faire grandir ? Quels sont les événements qui nous ont fait évoluer et nous aimer davantage ? Quels sont ceux qui nous ont fait régresser ?

## « Comment as-tu aimé ? Comment t'es-tu aimé ? »

L'amour est l'énergie fondamentale qui guide nos existences, la force créatrice qui nous relie les uns aux autres, notre essentiel, ou *l'essence du ciel*, ce qui nous relie au Divin. La première question qui nous est posée concerne donc la manière dont nous avons aimé. Avons-nous su aimer sincèrement, sans condition, ou avons-nous aimé par intérêt, en attendant un retour ? Avons-nous nourri des relations authentiques et bienveillantes, ou avons-nous accablé les autres de notre malheur, de notre incapacité à transcender certains événements douloureux ?

Au-delà de l'amour que nous avons offert aux autres, il y a aussi l'amour que nous nous sommes accordé à nous-mêmes. Comment aimer pleinement les autres si nous ne nous sommes pas d'abord aimés nous-mêmes ? Se respecter, prendre soin de soi, honorer son propre chemin en toutes circonstances : quelle a été notre évolution ? L'âme se regarde alors avec une sincérité absolue : ai-je pris soin de mon être intérieur ? Me suis-je pardonné mes faux pas ? Ai-je osé être pleinement moi, sans me cacher derrière les attentes des autres ou des masques ? Pourquoi n'ai-je pas pu faire la paix, pourquoi n'ai-je pas réussi à surmonter cette épreuve ?

## « Qu'as-tu fait pour ton évolution, pour ton âme ? »

Une autre question va ensuite nous être posée, avec bonté et compassion : « Qu'as-tu fait pour ton évolution, pour ton âme ? » Nous venons sur Terre avec des leçons à apprendre, des blessures à guérir, des expériences à vivre. À l'issue de cette incarnation, nous faisons le bilan de notre progression : ai-je osé dépasser mes peurs et être pleinement qui je suis ? Ai-je cherché à comprendre mes blessures plutôt qu'à les fuir ? Ai-je écouté mon intuition, ma petite voix intérieure ? Ai-je évolué vers plus de sagesse, de sérénité, de compréhension, d'amour ? Et ai-je cherché à élargir mon savoir pour mieux évoluer ? Ai-je pris le temps de m'instruire, de m'ouvrir à de nouvelles perspectives, de remettre en question mes croyances pour grandir intérieurement ? Ai-je cherché à comprendre le monde, les autres, moi-même, à travers la connaissance ? Il ne s'agit pas d'avoir mené une vie parfaite, mais d'avoir fait de notre mieux pour faire évoluer notre âme. Chaque effort, chaque prise de conscience, chaque dépassement de soi compte.

## « Qu'as-tu fait pour les autres ? »

Nous ne sommes pas seuls dans cette aventure terrestre, nos chemins s'entrelacent avec ceux d'autres âmes. Quand l'heure du bilan arrive, nous aurons à nous demander : ai-je tendu la main à ceux qui en avaient besoin ? Ai-je su écouter et réconforter sans juger ? Ai-je contribué à apporter de la lumière autour de moi ?

Il ne nous est pas demandé d'avoir accompli des œuvres grandioses, mais d'avoir fait preuve de bonté, d'avoir semé des graines d'amour là où nous sommes passés. Le simple fait d'avoir parlé avec une personne sans domicile ou sans emploi, d'avoir donné la moitié de son sandwich à quelqu'un qui avait faim, est une action qui nous élève.

Le film de notre incarnation et de nos vies antérieures défile devant nous pour nous montrer à la fois les apprentissages réussis et ceux qui n'ont pas encore été compris, car ce qui n'aura pas été transformé en or dans cette vie reviendra dans une vie suivante afin de continuer à grandir spirituellement.

Ce retour sur soi, ce questionnement de l'âme s'opère dans la bienveillance, il n'a rien de punitif. Il est là pour nous aider à observer notre chemin, à identifier nos forces et nos faiblesses, avec amour. Chaque vie est un pas de plus vers la Lumière et chaque expérience, qu'elle soit douce ou difficile, nous aide à grandir et à nous rapprocher de la Lumière, de la Source divine. L'essentiel est d'avoir essayé. Avoir aimé, avoir cherché à évoluer, avoir tendu la main : c'est cela qui compte vraiment, car au final, nous n'emporterons avec nous ni notre richesse matérielle ni nos succès éphémères, mais uniquement l'amour et la sagesse que nous aurons cultivés. Regardez comment est construit le mot amour : *âme – our* (*our* signifiant « notre », en anglais). Comprenez par là que nous sommes amour par essence, et tout droit issus de la Source divine. Notre rôle en ce monde est d'être amour et lumière en toutes circonstances afin que le mal, la violence, la guerre perdent leur pouvoir.

# Nous sommes un, reliés au Divin

Beaucoup confondent religion et spiritualité. Les églises se vident, les pratiques religieuses traditionnelles s'effacent peu à peu et croire en un Dieu est parfois jugé démodé. Pourtant, la quête de sens n'a jamais été aussi forte.

Selon moi, il existe une différence entre religion et spiritualité. La religion a longtemps été le cadre que les hommes se sont donné pour tenter de comprendre le divin. Elle structure des croyances à travers des dogmes, des rituels, à l'échelle collective. La spiritualité, elle, est une expérience intérieure, une reconnexion avec quelque chose de plus vaste que nous-mêmes, avec notre âme. Savoir que nous sommes une conscience, une âme reliée au Créateur dans un corps physique, que Dieu ou ce Créateur est en nous et à l'extérieur de nous permet de réaliser que nous sommes puissants au-delà de toutes limites. Les personnes qui l'ignorent se coupent de leur dimension spirituelle et de leurs capacités extrasensorielles, de leurs potentiels (« potes en ciel », autrement dit de leurs guides) qui pourtant sont en chacun de nous.

Pour ma part, je sais, je sens, je communique, je ressens un Être suprême, un Créateur à l'origine de tout, qui a conçu ce monde et toutes les âmes avec une infinie précision. Les scientifiques parlent d'un « réglage si fin[8] » que la moindre modification d'une décimale dans les lois de l'Univers – le temps, l'espace, les constantes fondamentales – aurait rendu l'existence

8. Voir M.-Y. Bolloré et O. Bonnassies, *Dieu, la science, les preuves – L'aube d'une révolution*, Éditions Guy Trédaniel, 2021.

de la vie sur Terre impossible. Cet équilibre subtil n'est pas le fruit du hasard, il est la signature d'une intelligence supérieure, d'une force divine qui veille à l'harmonie entre toutes les formes de vie.

Nous ne sommes pas seulement ce corps que nous habitons. Nous sommes l'âme, la conscience qui l'anime. Comme un costume que nous revêtons au début de la vie et que nous quittons à la fin, notre enveloppe corporelle est un véhicule d'apprentissage intelligent. À la fin de notre incarnation ici-bas, notre évolution se poursuit ailleurs, parfois sur d'autres plans, parfois dans une nouvelle vie sur Terre ou sur une autre planète. Rien ne s'arrête véritablement, tout est transformation, expansion. Je me permets de le redire d'une autre manière afin que ce message essentiel soit bien compris : ce Créateur, ou cette force divine, n'est pas extérieur à nous, nous en sommes les manifestations. Nous ne sommes pas de simples êtres humains vivant une expérience spirituelle, mais des êtres spirituels vivant une expérience humaine. Nous sommes des fragments d'un Tout, des étincelles de Lumière incarnées dans des corps de chair pour apprendre, évoluer et expérimenter l'amour sous toutes ses formes.

## Le message reçu d'un être de Lumière

Je vous partage ici un échange avec un être de Lumière reçu en écriture automatique.

— Qu'attend-on de nous sur Terre ? ai-je demandé.

— Vous ne demandez pas qui attend de vous. Pourtant, c'est important. C'est l'Être suprême qui espère en chaque âme, pour qu'elle guide au mieux l'être humain que vous êtes en incarnation.

— Vous parlez d'un Être suprême. Est-ce Dieu ? Le Créateur ?

— Dans vos espérances, oui. C'est Dieu pour certains, un guide suprême pour d'autres. Une force céleste, un principe universel. Ne le nommez pas. Il appartient à chacun de lui donner un nom.

C'est ce qui se passe sur Terre, chacun l'appelle comme il le souhaite : Dieu, Allah, Brahma, Yahvé, Bouddha, etc. Cette réponse révèle une vérité essentielle : nous sommes tous reliés à cette Source primordiale. Cet Être suprême n'est pas extérieur à nous, il est en nous, comme une étincelle divine qui nous habite et ne demande qu'à rayonner. Nous sommes tous interconnectés, nous constituons tous des fragments d'un même Tout, comme des gouttes d'eau faisant partie de la même vague.

Là où la religion enseigne parfois la séparation (un Dieu extérieur, des dogmes distincts), la spiritualité nous invite à ressentir l'unité profonde de toute existence. Elle nous rappelle que nous ne sommes pas ici par hasard, que chaque expérience, chaque rencontre a un sens. Notre mission n'est pas de chercher le Divin à l'extérieur, mais de le révéler en nous.

Ainsi, en nous éveillant à cette connexion, en cultivant l'amour, la gratitude et la conscience, nous nous rapprochons de notre nature véritable, celle d'âme en quête de Lumière, reliée à l'infini. D'ailleurs, qu'entend-on dans « Univers » ? *Unis-vers*. Vers quoi ? Unis vers cette Source universelle créatrice et amour.

L'incarnation nous fait vivre l'illusion de la séparation. Nous nous percevons comme des individus distincts, isolés les uns des autres, séparés du Créateur, de la nature, du Cosmos. Pourtant vivre seul est impossible. Et lorsque nous dépassons le voile de l'ego et du mental, nous comprenons une vérité essentielle : tout est interconnecté par une trame invisible à l'œil nu, un peu comme une toile d'araignée qui nous relie tous.

Nous sommes liés les uns aux autres. Chaque action que nous posons résonne dans l'Univers comme une onde qui se propage. C'est l'effet papillon. Aimer l'autre, c'est s'aimer soi-même, et inversement. Aider l'autre, c'est s'aider soi-même. Haïr l'autre, c'est se blesser soi-même.

Nous sommes liés à la nature : chaque élément de la Création, des étoiles aux arbres, des rivières aux animaux, fait partie du même souffle de vie. Les atomes qui composent tout le vivant sont les mêmes que ceux des étoiles. Nous sommes faits de la même énergie que l'infini. Nous portons en nous le reflet du Cosmos. Détruire la nature, c'est nous détruire nous-mêmes.

Lorsque nous méditons, lorsque nous nous abandonnons à l'amour inconditionnel, lorsque nous ressentons une paix profonde au contact de la nature, nous nous reconnectons à cette essence divine. Elle n'est jamais absente, seulement masquée par le bruit du mental, les peurs et les conditionnements.

En comprenant que nous sommes UN avec le Divin, nous réalisons aussi que nous sommes des créateurs. Nos pensées, nos émotions, nos intentions façonnent la réalité. Chaque jour, nous avons le pouvoir de choisir l'amour plutôt que la peur, la paix plutôt que la colère, la confiance plutôt que le doute, la lumière plutôt que l'ombre. Le jour où nous intégrons pleinement cette vérité, alors la peur disparaît. La mort n'est plus une fin, mais une transition. La souffrance devient un maître, un réveil. L'amour devient notre guide. Et nous comprenons enfin que nous avons toujours été, et serons toujours, reliés les uns aux autres, reliés à la Source, reliés à l'infini. Nous sommes UN.

# PARTIE 6

# Rallumer votre étincelle divine

## 11 clés pour se connecter au Divin

### I. S'aimer, se respecter

La première chose à faire pour nous relier à notre nature divine, c'est de nous aimer. Je sais, ce n'est pas naturel. On ne nous l'apprend pas. Pourtant, c'est essentiel, c'est même « l'essence du Ciel ». L'amour est notre force motrice. Sans lui, nous nous éteignons peu à peu. Que l'on ait grandi dans un foyer aimant ou non, la difficulté reste la même. Croyez-moi, même les personnes qui ont été désirées, chéries et entourées d'amour durant leur enfance peuvent avoir du mal à s'accorder de la valeur, à se respecter. Tout dépend des mémoires de vies passées avec lesquelles nous venons au monde.

Lors de mes consultations, j'ai rencontré énormément de personnes qui ne s'aimaient pas. Ayant moi-même vécu cela, il m'a été facile de les aider à comprendre combien il est nécessaire de travailler sur ce manque d'estime de soi. Parfois, assez rarement, il m'est aussi arrivé d'entendre des consultants me répondre : « Oui, bien sûr que je m'aime ! » Je leur posais alors ces quelques questions :

- Aimes-tu ton corps tel qu'il est ?
- Es tu heureux dans ta vie de couple ?
- Aimes-tu ton travail ?
- Te reconnais-tu comme une personne intelligente ?
- Es-tu toujours authentique dans tes relations, ou joues-tu un rôle, parfois ?
- Aimes-tu ta manière de réagir lorsque ton enfant fait une bêtise ?
- Prends-tu soin de toi autant que tu prends soin des autres ?
- Que fais-tu pour toi ?

Ces interrogations peuvent laisser perplexe. Mais peut-on vraiment dire que l'on s'aime inconditionnellement lorsque l'on exerce un métier dans lequel on ne s'épanouit pas, lorsqu'on se juge au moindre faux pas, lorsque l'on se sent humilié, rejeté, ou que l'on déteste une partie de soi, son nez ou ses jambes ? La réponse coule de source, n'est-ce pas ? C'est de cela que je veux parler. S'aimer inconditionnellement, c'est se respecter, ne plus porter de masques en fonction des circonstances ou des gens, ne plus ressasser ce que l'on aurait dû dire ou faire. C'est être pleinement heureux et épanoui, quelles que soient les circonstances et accepter d'être traversé par des émotions de tristesse, de peur, de frustration, de colère, et dans ces cas, prendre soin de nous comme nous le ferions pour notre meilleur ami.

Nous sommes des êtres humains émotionnels imparfaits. Nous avons parfois des réactions qui pourraient être améliorées, mais ce n'est pas une raison pour nous déprécier sans cesse. En faisant cela, nous ne nous aimons plus. Nous pouvons bien sûr nous remettre en question et décider d'agir autrement une prochaine fois.

Nous sommes des êtres divins, une âme incarnée dans un corps. Nous avons choisi ce corps et les expériences que nous vivons ici pour les dépasser et devenir meilleurs, pour nous élever spirituellement, et cela commence par l'amour que l'on se porte à soi-même.

## 2. Aimer son prochain, s'entraider

J'avais un énorme travail à faire sur ce point, et je dois dire qu'aider durant ma maladie m'a énormément aidée. Cela m'a évité de me regarder le nombril, de me centrer sur ma souffrance. Je me sentais utile. C'est un cercle vertueux : en aidant l'autre, on se décentre de sa propre personne et on s'aide soi-même. L'autre est une partie de soi. Dès lors, comment se sentir complet et puissant si cet autre n'est pas soutenu dans ses difficultés ?

Je me souviens d'un reportage consacré aux rescapés de l'attentat commis au Bataclan en 2015. L'un d'eux racontait qu'alors que les terroristes tiraient sans relâche, il s'est réfugié, avec une quarantaine d'autres otages, dans des toilettes à l'étage. Quelqu'un a eu l'idée géniale d'enlever les plaques du plafond pour permettre à tous de se cacher dans les énormes tuyaux d'aération. Une femme cependant a dit qu'elle était trop lourde pour grimper jusqu'à l'entrée de la buse. Quand son tour est arrivé, elle a essayé une fois, et n'a pas réussi ; puis une deuxième fois, et à nouveau elle est retombée sur la cuvette des toilettes. « Je n'y arriverai pas. Passez à ma place, je suis trop lourde », a-t-elle murmuré. Les personnes derrière elle ont unit leur force et lui ont dit : « Si vous ne passez pas, personne d'autres ne passera. Vous devez venir avec nous, vous allez y arriver ! » Cette phrase sincère et emplie d'amour lui a donné l'énergie de monter dans le conduit. Elle ne l'a pas fait pour elle, elle a trouvé la force de le faire pour les autres.

Tout le groupe a été sauvé. Cette tragédie les a unis pour toujours. Ils se retrouvent régulièrement, ils se comprennent. Ensemble, ils ont grandi en amour et en compassion malgré l'horreur de la situation, qui a agi comme un catalyseur, un accélérateur de conscience.

Bien sûr, ce cas est extrême. Mais dans notre quotidien aussi, l'entraide nous élève. Certains disent que nous sommes égoïstes. C'est justement dans les cas les plus difficiles que nous pouvons voir les plus belles manifestations de solidarité et de partage. Regardons notre planète qui subit tant de cataclysmes. Cela ne devrait-il pas nous pousser à nous réveiller ? À nous montrer solidaires ? À unir nos forces pour être UN et nous relever tous ensemble ?

## 3. Se reconnecter à la nature

J'ai grandi au milieu de la nature, c'est mon havre de paix. Chaque fois que ma vie devient trop agitée, j'aime aller marcher dans les bois. Je parle aux arbres, je leur demande de bien vouloir recharger mes énergies, de m'apaiser. Je les remercie de m'accueillir.

Beaucoup d'études, notamment japonaises, montrent que marcher en forêt offre de nombreux bienfaits pour la santé. Les arbres libèrent des composés organiques volatils appelés phytoncides qui, lorsqu'ils sont inhalés, stimulent notre système immunitaire. Ces substances augmentent le nombre et l'activité des cellules tueuses naturelles (cellules NK), essentielles pour combattre les infections et les cellules cancéreuses. Une étude scientifique précise même qu'après une promenade en forêt d'une heure, le nombre de ces cellules peut augmenter de 50 %[9]. De plus, passer du temps en forêt réduit le niveau de cortisol, l'hormone du stress, ce qui diminue l'inflammation dans le corps et favorise une meilleure réponse immunitaire.

Tout le monde n'habitant pas en bordure de forêt, j'ai expérimenté une autre méthode pour chasser la nervosité : je marche pieds nus dans l'herbe, de préférence le matin, qu'il fasse chaud ou froid. C'est un moyen de décharger dans la terre l'électricité accumulée dans le corps. Cette pratique, souvent appelée « earthing » ou « mise à la terre », permet aussi au corps d'absorber les électrons de la surface terrestre, ce qui réduit les inflammations et renforce les défenses naturelles. Le contact direct avec le

9. Source : https://www.ccos.fr/news-sante-bordeaux/le-bain-de-foret-quand-la-nature-fait-plus-que-simplement-guerir/

sol stimule en outre les zones réflexes du pied, contribuant ainsi à améliorer la circulation sanguine et à renforcer les organes internes. Marcher pieds nus dans l'herbe ou sur d'autres surfaces naturelles peut également favoriser la détente et améliorer la qualité du sommeil.

La nature est une manifestation de l'intelligence divine. Passer du temps auprès d'elle, écouter le chant des oiseaux, contempler le ciel étoilé nous ramène à l'essentiel. Cela nous rappelle que nous faisons partie d'un Tout. La nature est en chacun de nous. S'en déconnecter, c'est se couper d'une partie de nous.

## 4. Faire taire le mental

Jusqu'à l'âge de 30 ans environ, ce qui m'a permis de survivre, c'est mon ego. Il a toujours été fort et puissant. Depuis, chaque fois que je suis confrontée à une situation délicate comme un désaccord ou un choix à faire, je me demande intérieurement : qui est aux commandes ? Est-ce mon ego ou mon intuition ? Comme beaucoup, j'ai ressenti le besoin d'appartenir à un clan et d'être reconnue. Mais l'ego entrave l'humilité. Très souvent, je me dis que rien n'est réellement important puisque cette vie n'est qu'un terrain d'apprentissage destiné à faire grandir mon âme, à nourrir la flamme de l'amour qui brûle en moi. Je ne suis qu'une goutte d'eau dans la mer – nous le sommes tous – et en restant humbles, nous pouvons, ensemble, créer une vague de changement.

Lors de mes méditations, j'aime oublier mon petit Moi et me fondre dans le grand Tout. La méditation n'est pas une pratique réservée à certains. Nous avons tous la possibilité de nous arrêter, de nous installer confortablement et d'écouter ce qui se passe en nous et à l'extérieur de nous. Simplement, d'observer. Mais pour cela, il faut parfois traverser la tempête du mental, calmer nos pensées trop nombreuses, envahissantes, incessantes. Le mental court, commente, analyse, juge.

Il ressasse le passé ou anticipe l'avenir, mais il oublie d'être ici, dans l'instant présent. Il nous éloigne de notre être profond, de notre centre.

Nous vivons souvent dans notre tête, alors que la paix se trouve dans le cœur. Faire taire le mental ne signifie pas le combattre, mais lui offrir un espace de silence, observer les pensées sans s'y accrocher, les laisser passer comme des nuages dans le ciel. C'est dans cet espace de calme, entre deux pensées, que se révèle l'intuition, la sagesse intérieure, la connexion à plus grand que soi. L'observation de nos réactions sans jugement.

## 5. Guérir ses blessures intérieures

Comme je vous l'ai confié, pendant plus de trente ans je ne me suis pas aimée. Je ne trouvais pas de joie dans la vie et les blessures s'accumulaient en moi. Mon corps m'a fait comprendre tout cela. Les épreuves traversées faisaient partie de mon choix d'incarnation, elles étaient une voie vers la croissance. Heureusement, j'ai décidé de prendre les choses en main, et tout cela s'est transformé en or : en force et en amour d'abord pour moi-même, puis pour les autres.

Chacun peut choisir de guérir ses blessures intérieures ou de rester dans sa souffrance, c'est là le sens du libre arbitre. Nous sommes tous des diamants bruts, mais certaines facettes de notre être sont parfois recouvertes de poussière. Lorsque nous travaillons sur nous-mêmes, que nous nettoyons l'une de ces facettes, la Lumière peut enfin jaillir.

Chaque être humain a la capacité de devenir de plus en plus lumineux, de passer de la peur à la confiance, de la colère à l'amour, de la tristesse à la joie, du rejet à l'acceptation, du mépris au pardon. C'est notre rôle, notre responsabilité sur Terre de transformer chaque épreuve, aussi douloureuse soit-elle, en or. Plus nous nettoyons de facettes, plus la Lumière peut se diffuser, nous connectant au Divin. Alors, nos potentiels (« potes en ciel ») se révèlent et des capacités extrasensorielles peuvent émerger. Le contact avec l'invisible devient plus facile, plus naturel.

De nombreuses personnes m'ont confié avoir développé des dons d'empathie ou de clairvoyance, de clairaudience, de clairsentience, de précognition ou des capacités énergétiques après quelques séances. C'est d'ailleurs au fil de mes consultations que j'ai découvert mon propre potentiel. Auparavant, je ne communiquais pas avec les défunts, je ne croyais en rien. Je me mentais à moi-même. En réalité, ces potentiels attendaient que je les laisse émerger, que je développe l'amour inconditionnel pour moi-même, la bienveillance, la confiance en moi, ainsi que l'amour pour les autres. En d'autres termes, que je reconnaisse et accepte le Divin en moi.

Vous pouvez le faire, vous aussi, si vous vous débarrassez des boulets émotionnels qui vous empêchent de vous épanouir. Il existe de nombreuses techniques pour cela. J'en ai créé quelques-unes. Vous trouverez la vôtre. Laissez-vous guider par votre cœur, non par votre mental. Écoutez vos intuitions, non vos pensées. Les intuitions viennent de la Source, elles sont des messages de vos guides. Les pensées viennent du mental, elles sont souvent reliées au passé et aux émotions et, dans ce cas, mauvaises conseillères.

Depuis que j'ai fait la paix avec moi-même, que j'ai compris que je suis guidée à chaque instant, protégée par des anges gardiens et observée avec amour par le Créateur, chaque soir, avant de m'endormir, je remercie pour les petits pas ou pas de géants accomplis par mon âme, pour la protection de mes guides, pour nos conversations, leur guidance. J'éprouve une telle gratitude que j'ai souvent des larmes de joie. Parfois les journées sont plus difficiles, comme pour chacun, mais mon rituel reste immuable.

Même si vous ne voyez pas pour quoi vous devez remercier, exercez-vous. Vous pouvez remercier des proches décédés de veiller sur vous, la nature de vous apporter son énergie. Vous pouvez remercier d'avoir un toit sur la tête et à manger dans l'assiette. Dites merci à la vie. Plus vous pratiquez et plus vous demandez à l'Être suprême de vous accompagner, plus vous serez en connexion avec votre âme.

Exprimez également de la gratitude pour ce que vous n'avez pas encore, et faites-le en anticipant les émotions que vous ressentirez quand vous l'aurez. Vous verrez : c'est une commande que vous venez de passer. Vous la recevrez le moment venu. La gratitude est une clé puissante pour se reconnecter à l'Unité.

## 6. Lire, s'informer : une porte vers l'Unité

D'autres avant nous ont exploré, douté, découvert. Ils ont ouvert des chemins, posé des questions, trouvé des réponses. La lecture a été pour moi un véritable phare. Elle m'a permis d'affiner mes perceptions, de mettre des mots sur ce que je ressentais, de mieux comprendre ce monde visible et surtout l'au-delà.

Ma curiosité, mais aussi le profond désir d'aider mes clients, ont été les moteurs de cette soif de savoir. Lire, c'était comme tendre l'oreille à ceux qui avaient déjà marché sur ce chemin spirituel, comme si à travers les pages, une sagesse plus grande se glissait dans mon âme.

J'espère de tout cœur que ce livre vous aidera à ouvrir quelques portes, mais ne vous arrêtez pas là. La littérature sur le sujet est foisonnante et constitue une passerelle vers la conscience. Lire vous permettra de sentir ce qui fait vibrer votre cœur, ce qui semble familier, comme un souvenir oublié. Et même si certaines explications ne vous parlent pas sur le moment, laissez-les là, comme de petites graines déposées en vous. Elles germeront peut-être plus tard, quand le bon moment sera venu. C'est exactement ce que j'ai vécu.

Et si vous n'aimez pas lire, ce n'est pas un frein. Aujourd'hui, les livres audio sont partout. Plutôt que d'écouter une émission superficielle ou stressante, laissez-vous porter par une voix qui vous transmettra des enseignements, des réflexions, des vérités. Parfois, il suffit d'une phrase, d'un mot, pour qu'un voile se lève.

Et surtout, choisissez vos lectures ou vos écoutes selon vos affinités. Si vous êtes passionné de nature, de musique, d'art, d'histoire, de sciences... il existe des ouvrages, des témoignages, des récits qui mêlent ces domaines à la spiritualité. Tout est lié. Le Divin se glisse dans chaque domaine, chaque passion, chaque vibration. La beauté d'un paysage, la puissance d'un morceau de musique, la profondeur d'un tableau peuvent, eux aussi, éveiller quelque chose de plus grand en vous.

Qu'il s'agisse de physique quantique, d'épigénétique, de neurosciences, de récits spirituels, de textes sacrés ou philosophiques, toutes ces lectures finissent par se rejoindre. Elles parlent toutes, à leur manière, d'un au-delà, d'une conscience universelle, d'un amour inconditionnel, d'une vie après la mort, d'une unité invisible qui nous relie tous. Lire, c'est dialoguer avec l'invisible. C'est tendre la main vers le Divin. C'est nourrir notre âme tout autant que notre esprit.

## 7. Écouter des témoignages d'expériences de mort imminente

Après avoir lu le livre du Dr Raymond Moody, pionnier dans l'étude des expériences de mort imminente (EMI), j'ai été poussée à en savoir plus. J'ai écouté de nombreux témoignages ; chacun m'a apporté un éclairage supplémentaire sur ce mystérieux passage entre deux mondes. Le récit d'Alexis Ambre[10], une femme restée « de l'autre côté » pendant plus de trois heures avant de revenir m'a profondément marquée.

Elle n'est pas la seule à partager son vécu. Il existe une multitude de récits, et tous convergent vers une vérité essentielle : la conscience ne meurt pas. Ceux qui sont allés très loin dans cette expérience parlent souvent d'une rencontre avec le « grand tout », l'Être suprême, le Créateur ou Dieu, selon leurs croyances. Tous décrivent un amour infini, une compassion

10. Alexis Ambre, *Qui dit que la mort est une fin ?*, Éditions Saga.

inouïe, une paix absolue, impossible à exprimer avec des mots de Terriens. Ils disent que c'est comme rentrer chez soi, dans une lumière et une tendresse inconditionnelle, là où tout est juste, compréhensible, évident.

Ces récits m'ont permis de mieux comprendre la nature de la conscience, et surtout les potentiels illimités que nous portons en nous.

Comme par une merveilleuse synchronicité, peu de temps après avoir pris connaissance de ces témoignages, une cliente est venue me consulter. Elle avait vécu une EMI sans en avoir conscience. Lors d'une opération bénigne, elle avait fait un choc anaphylactique. Elle s'était vue sortir de son corps, observer la scène depuis un coin de la salle. Elle se sentait baignée d'amour, d'une paix intense. Elle entendait tout ce que disaient les soignants et, surtout, ressentait les émotions de chaque personne dans la pièce. Elle percevait leurs pensées, leur vie. Elle ne souhaitait pas revenir dans son corps. Elle était pourtant maman d'une petite fille, mais elle me disait que cela ne la retenait pas sur Terre tellement l'amour dans l'autre dimension l'inondait. Sa grand-mère décédée est venue lui dire que ce n'était pas le bon moment pour elle et qu'elle devait revenir dans son corps. C'est ce qui s'est passé.

Depuis cet événement, elle entendait des pas chez elle, ressentait les énergies des gens, avait des angoisses inexpliquées, sans oser en parler. Elle est venue me voir pour comprendre ce qu'elle avait vécu. Après avoir été écoutée et rassurée, elle a pu accueillir cette ouverture de conscience, s'aligner avec ce qu'elle était réellement venue incarner. Elle a complètement changé de vie : aujourd'hui, elle est praticienne en soins énergétiques, épanouie et à sa juste place.

Écouter ces témoignages peut vraiment transformer notre perception de la vie, de la mort, de notre rôle ici-bas. Cela nous permet d'élargir notre savoir, de nous ouvrir à l'invisible, de ressentir ce qui résonne en nous. Faites-vous votre propre idée.

## 8. Respirer en conscience

Souvent, nous courons après la vie. Entre le travail, la famille, les obligations du quotidien et nos loisirs, nous nous retrouvons en apnée. Combien de fois me suis-je surprise à retenir mon souffle, comme si mon corps cherchait à se faire discret face au stress que je lui imposais ?

La respiration est pourtant la première et la dernière chose que nous faisons en venant au monde. Elle est notre lien le plus direct avec la vie elle-même. Et pourtant, nous l'oublions, nous la maltraitons, nous la négligeons.

Lorsque nous sommes stressés, notre souffle se fait court, saccadé, logé haut dans la poitrine. Le corps se tend, l'esprit s'emballe. Respirer en conscience, c'est revenir à soi. C'est se reconnecter à l'instant présent, calmer les tempêtes intérieures et retrouver son ancrage. Il suffit parfois d'un souffle profond pour que tout change. Inspirer lentement, remplir son ventre d'air, puis expirer profondément en relâchant tout ce qui nous pèse : c'est un acte simple et puissant, une clé accessible à tout moment.

L'air est un élément subtil, il est l'esprit du Divin, l'essence même de la vie. Chaque inspiration est un souffle sacré, un lien invisible qui nous unit à une force bien plus grande que nous. Prendre conscience de cette dimension spirituelle transforme notre manière de respirer, nous reconnecte à notre être profond et nous rappelle que nous ne sommes jamais seuls. Alors, faites une pause, inspirez profondément. La vie, l'amour, le grand Tout sont là, dans chacun de vos souffles.

## 9. Écouter des musiques Hemi-Sync

Robert A. Monroe, pionnier dans l'exploration des états modifiés de conscience, a découvert que certaines fréquences sonores permettent de synchroniser les deux hémisphères cérébraux. Cette technique, appelée Hemi-Sync, favorise un état de conscience élargi ouvrant la porte à des expériences extraordinaires, notamment des sorties de corps.

Il a constaté que, grâce à l'écoute de deux fréquences sonores très proches mais différentes, dans chacune des oreilles, la conscience pouvait voyager à une vitesse fulgurante, au-delà des frontières du temps et de l'espace, vers d'autres pays, d'autres galaxies, voire d'autres dimensions. La CIA l'a même recruté pour former 7 000 membres des forces spéciales à cette technique[11].

Lorsque l'on vit une expérience de sortie hors du corps, il devient impossible de nier que notre âme est un véhicule subtil, temporairement logé dans notre corps physique. Ces expériences bouleversent notre perception de la réalité et nous reconnectent à ce que nous sommes véritablement : une conscience illimitée en perpétuelle évolution, une étincelle du Divin.

Aujourd'hui, ces musiques sont accessibles à tous. On peut les trouver sur différentes plateformes de streaming musical, et il suffit de se munir d'un casque audio, de s'allonger dans un endroit calme et de se laisser porter. L'immersion dans ces fréquences spécifiques peut favoriser des états de relaxation profonde, une méditation avancée et, pour certains, des expériences de conscience élargie inoubliables. Ainsi, vous pourrez tester par vous-même la reconnexion au Divin.

## 10. Cultiver la joie et rayonner l'amour

Comment honorer la vie qui est en nous, notre âme, si ce n'est en étant joyeux, heureux d'être ici, sur cette merveilleuse terre d'accueil ? Beaucoup de traditions spirituelles et philosophiques s'accordent sur un point fondamental : la joie est une vibration élevée qui nous rapproche du Divin. Ce n'est pas un hasard

11. Il raconte cette expérience dans son livre *Voyages ultimes*, Éditions Le jardin des Livres.

si les sages, les mystiques et les éveillés rayonnent d'une paix et d'une joie profondes. Ils ont compris que se connecter à la Source ne passe pas par la souffrance ou l'austérité, mais par l'amour de la vie.

Chaque matin lorsque nous nous réveillons, il nous est offert une nouvelle chance de ressentir, d'expérimenter, d'apprendre et d'aimer. Pourtant, combien de fois oublions-nous cette vérité essentielle ? Combien de fois laissons-nous les préoccupations du quotidien, les blessures du passé ou la peur du futur nous voler notre capacité à être simplement heureux d'exister ?

Se réjouir de l'instant présent, savourer un rayon de soleil sur notre peau, un éclat de rire partagé, le parfum d'une fleur, le goût d'un fruit mûr : tous ces instants sont des invitations à l'émerveillement. L'émerveillement, c'est reconnaître la présence du Divin dans chaque chose. C'est comprendre que la vie est en elle-même un miracle qui mérite d'être honoré.

Nous sommes des êtres vibratoires, nos émotions influencent notre état énergétique. La tristesse, la colère, la peur nous alourdissent, nous enferment dans des fréquences denses qui nous coupent de notre essence véritable. À l'inverse, la joie, l'amour la gratitude élèvent notre fréquence et nous alignent avec la Lumière.

Aimer la vie, c'est faire le choix de cultiver des pensées et des émotions qui nourrissent notre âme. Ce n'est pas ignorer les difficultés ou nier les épreuves, mais refuser de leur donner plus de place qu'elles ne le méritent. C'est comprendre que nous avons le pouvoir de choisir où poser notre regard : sur l'ombre ou sur la lumière.

Être joyeux est un acte sacré. C'est une prière silencieuse qui dit à l'Univers : « Je reconnais le miracle d'être en vie et je l'honore avec gratitude. » Les enfants incarnent naturellement cette connexion à la joie. Regardons-les jouer, rire sans raison, s'émerveiller d'un rien. Ils n'ont pas oublié, eux, que la vie est un terrain d'exploration et d'amour. En grandissant, nous nous laissons envahir par les responsabilités, les blessures et les croyances qui nous font perdre cette simplicité.

Mais nous avons toujours la possibilité de revenir à cette essence.

Lorsque nous vibrons la joie, nous devenons des canaux d'énergie divine. Nous nous mettons en résonance avec cette force qui nous dépasse, et nous lui permettons d'agir à travers nous. C'est dans cet état que nous recevons le mieux les synchronicités, les inspirations profondes, les signes que nous sommes sur la bonne voie. Dieu, l'Être suprême, la Source, peu importe le nom qu'on lui donne, se manifeste plus facilement dans un cœur ouvert et joyeux.

Une merveilleuse manière de cultiver la joie est de chanter. De nombreuses cultures utilisent le chant sous la forme de mantras, de prières ou d'incantations pour se relier au Divin. Et dans notre Occident cartésien, il est aujourd'hui admis que le chant a le pouvoir de réguler et d'élever nos énergies. Lorsque nous chantons, nous émettons une vibration qui traverse notre être, résonne avec nos émotions et peut même toucher ceux qui nous écoutent. Il ne s'agit pas de bien chanter, mais simplement d'émettre un son avec intention et sincérité.

Chanter, c'est libérer ce qui est bloqué en nous. La voix, souvent retenue par la peur du jugement, est un canal d'expression puissant. En osant chanter, nous nous reconnectons à notre essence, nous harmonisons notre énergie et nous libérons les tensions accumulées. La science elle-même reconnaît les bienfaits du chant sur notre bien-être. Il active le nerf vague, favorisant ainsi la détente et la régulation du système nerveux. Il libère des endorphines et agit comme un véritable soin vibratoire. Les fréquences sonores influencent notre humeur et notre état d'esprit. Certaines notes peuvent apaiser, d'autres dynamiser ou encore éveiller une mémoire enfouie.

Alors, laissez votre voix s'exprimer. Sous la douche, en voiture, en forêt ou en groupe, chantez ! Peu importe que cela sonne juste. Ce qui compte, c'est l'intention et le ressenti. Chanter, c'est vibrer avec la vie, avec le souffle divin. Des personnes ayant vécu une expérience de mort imminente ont rapporté qu'elles avaient entendu « une musique divine », une harmonie jamais entendue sur Terre. La musique serait donc présente au-delà de notre réalité physique, dans les multiples dimensions de l'au-delà, ou du multivers, comme l'appelle la physique quantique.

## II. Avoir foi en la perfection de l'Univers

Rien n'arrive par hasard. Chaque épreuve, rencontre, événement que nous traversons fait partie d'un plan plus vaste, orchestré avec une intelligence qui dépasse notre compréhension humaine. Lorsque nous cessons de voir la vie comme une succession d'aléas et que nous commençons à la percevoir comme un chemin initiatique, tout prend un sens nouveau.

Souvenons-nous que notre âme, avant de s'incarner, a choisi les expériences qui lui permettront d'évoluer. Plus nous comprenons que les obstacles sont des enseignements, plus nous sortons du rôle de victime pour devenir pleinement responsables de notre existence. À chaque instant, nous avons le choix entre nous laisser écraser par les circonstances ou décider d'en tirer une leçon et d'avancer avec une conscience élargie.

En adoptant cette posture, nous ne subissons plus la vie, nous devenons les créateurs conscients de notre réalité. Nous cessons d'accuser l'extérieur, de nous en remettre au hasard ou à la fatalité, nous comprenons que tout ce qui nous arrive est là pour nous servir, même si cela semble incompréhensible sur le moment. Cette prise de conscience apporte une profonde paix intérieure, car nous réalisons que nous sommes toujours guidés et soutenus par l'Univers.

Lorsque nous embrassons cette foi en la perfection de l'Univers, nous nous alignons sur des fréquences plus élevées, celles de l'amour, de la paix et de l'harmonie. Cette transformation intérieure ne se limite pas à notre propre bien-être, elle impacte également le monde qui nous entoure. Plus nous cultivons la sérénité et l'amour en nous, plus nous contribuons à l'élévation de l'humanité.

Avoir foi en la perfection de l'Univers, c'est accepter que tout est exactement à sa place. C'est apprendre à lâcher prise, à faire confiance à cette intelligence supérieure qui nous guide à chaque instant. Cela ne signifie pas qu'il ne faille rien faire et attendre que tout se règle miraculeusement. Au contraire, cette foi nous invite à agir avec conscience et responsabilité, à faire de chaque jour une occasion d'aimer, de grandir et de contribuer à un monde meilleur.

En choisissant d'être acteur de notre vie, en cultivant des pensées et des émotions élevées, nous semons les graines d'une réalité plus belle pour nous-mêmes et pour tous. Et lorsque viendra le moment de traverser le voile, nous serons prêts. Nous comprendrons que nous n'avons jamais été séparés du Divin, que nous en sommes l'expression vivante. Alors, choisissons d'avancer avec foi et confiance en honorant cette magnifique aventure qu'est la vie.

# Épilogue

Tout au long de ces pages, nous avons exploré les grandes vérités qui résonnent au plus profond de notre être : notre lien avec le Divin, la mission de notre âme sur Terre, la guidance de plus en plus présente des êtres de lumière.

Je ne peux pas dire quel effet ces découvertes auront sur vous. Mais je peux vous partager ce qu'elles ont changé pour moi, et ce que j'ai observé chez de nombreuses personnes que j'ai accompagnées.

Savoir que la vie continue après la mort, que nous sommes protégés, aimés et guidés a bouleversé ma manière d'être. Depuis, j'ai l'impression d'être en quête, comme Indiana Jones, chaque jour en exploration. Les épreuves ne sont plus des malchances ou des punitions, mais des messages à décoder. Derrière chaque obstacle, chaque symptôme, chaque désillusion se cache une invitation à grandir. Et je sens que le véritable trésor est en moi – sous les couches de peur, de blessures et de conditionnements à transformer.

Nous avons tous une mission d'âme commune : libérer ce qui pèse – les mémoires de guerre, de rejet, d'abandon, d'injustice, de deuils inacceptables, de violence – non seulement pour nous et notre descendance, mais aussi pour la conscience collective. Car nous sommes tous interconnectés. À chaque guérison intérieure, c'est l'humanité qui s'élève.

Je ne vis plus les événements comme avant. Même les plus déstabilisants sont devenus pour moi des cadeaux de l'Univers, porteurs de sens. Même si ce sens ne m'apparaît pas toujours immédiatement parce que je regarde les événements avec mes yeux humains, j'apprends à les regarder avec les yeux de l'âme. Ce que nous vivons comme une tragédie peut, vu de là-haut, être un tremplin d'évolution. Une épreuve nous prépare parfois à une mission plus grande, nous permet de guérir une mémoire enfouie… ou encore, nous permet d'aider d'autres à leur tour.

Ce savoir m'a aussi permis d'affronter ma plus grande peur, celle de perdre un enfant. Je portais en moi cette angoisse comme une blessure héréditaire. Les femmes de ma lignée avaient traversé ce drame, et leurs douleurs se perpétuaient en silence dans mon corps et dans mon cœur. Un jour, j'ai décidé d'y faire face. J'ai travaillé à libérer cette peur. Et elle a disparu. Savoir que l'âme ne meurt jamais m'a profondément apaisée.

Ce n'est pas tout. J'ai compris que nourrir une peur, c'est risquer de l'attirer. Aujourd'hui, je choisis de créer l'avenir plutôt que de le craindre. Je me visualise un jour au mariage de mes filles, les accompagnant à la maternité, puis entourée de mes petits-enfants. Ces visions ne sont pas des illusions, mais des intentions. Ce sont des graines que je sème, des prières silencieuses adressées à l'Univers.

Vous aussi, vous pouvez créer le futur que vous souhaitez vivre par la pensée plutôt que de craindre l'avenir.

Savoir qu'il y a une vie après la vie transforme tout. Cela change notre rapport à la mort, au deuil, à la perte. La séparation n'est plus une fin, mais une transition. Cette conscience nous relie à plus grand que nous, apaise notre esprit et allège nos chagrins. Elle devient un levier de résilience. Elle donne un sens aux épreuves, une valeur aux petits instants, un cap dans la tempête. Elle nous pousse à aimer plus fort, à pardonner, à lâcher prise, à évoluer.

Cette conviction nourrit notre intuition, notre quête de sens, notre reliance. Elle donne à la vie une profondeur nouvelle. Une lumière. Un parfum d'éternité.

Aujourd'hui, je n'ai plus peur de la mort. Je l'accueillerai un jour, le cœur en paix, les yeux tournés vers la lumière. Je veux pouvoir dire que j'ai aimé, transmis, grandi, partagé. Que j'ai tout donné. Que j'ai vécu pleinement, avec conscience et foi.

Savoir qu'il y a une vie après la vie, c'est se reconnecter à notre essence. À notre nature divine. C'est vivre en paix, dans l'amour, en gardant le cap sur l'invisible. C'est, tout simplement, se souvenir de qui nous sommes.

Si vous lisez ces lignes, c'est que vous êtes allé jusqu'au bout de ce voyage. Un voyage au cœur de mon histoire, mais peut-être aussi un peu de la vôtre. Car derrière chaque mot, chaque expérience partagée, se cache un appel pour que vous vous souveniez de qui vous êtes vraiment.

Si une seule phrase vous a touché, si une seule histoire vous a éclairé, alors ce livre a déjà rempli sa mission. Je ne prétends pas détenir la vérité. Je partage simplement ce que la vie, l'invisible et l'amour m'ont appris. Ce que vous choisissez d'en faire vous appartient. Vous êtes libre. Vous êtes souverain.

Si ce livre a éveillé en vous une étincelle, une vibration ou un élan du cœur, alors suivez ce fil. Il vous mènera exactement là où votre âme veut aller.

Et souvenez -vous : même dans l'obscurité, vous êtes accompagné. Même dans l'épreuve, vous êtes guidé. Même après la mort, l'amour demeure.

Je vous souhaite une vie habitée, aimante, vibrante, reliée… et remplie d'amour et de lumière.

Car vous êtes bien plus que ce que vous croyez, vous êtes illimité.

Avec tout mon amour,

Nathalie

# Bibliographie

BAUDOUIN Bernard, *La vie au-delà de la mort*, Éditions Trajectoire, 2014.

CHAMBON Olivier, *Oser parler de la mort aux enfants*, Guy Trédaniel éditeur, 2015.

DARRÉ Patricia, *L'invisible et la science*, Éditions Michel Lafon, 2014.

FAURÉ Christophe, *Cette vie… et au-delà*, Éditions Albin Michel, 2022.

FONTAINE Janine, *Vingt ans après : Médecin des trois corps*, Éditions Robert Laffont, 1995.

GIRARD Jean-Pierre, *La science et les phénomènes de l'au-delà*, Éditions Véga, 2013.

GRAMIGNANO Anne-Hélène, *L'infini espoir*, Éditions Animae, 2025.

MONROE Robert A., *Voyages ultimes*, Éditions Le jardin des Livres, 2024.

**Pour suivre l'auteure :**

- Site Internet : nathaliebalace.com
- Chaîne YouTube : https://www.youtube.com/c/NathalieBalacé

Cet ouvrage est composé de matériaux issus de forêts bien gérées certifiées FSC®, de matériaux recyclés et de matériaux issus d'autres sources contrôlées. Le Forest Stewardship Council® est une organisation internationale non gouvernementale qui encourage une gestion écologiquement adaptée, socialement bénéfique et économiquement viable des forêts de la planète. Pour en savoir plus, consultez le site www.fsc.org

FSC
www.fsc.org
MIXTE
Papier | Pour une gestion forestière responsable
FSC® C022829

Achevé d'imprimer en août 2025
sur les presses de la Nouvelle Imprimerie Laballery
58500 Clamecy
Dépôt légal : septembre 2025
N° d'impression : 506545

*Imprimé en France*
La Nouvelle Imprimerie Laballery est titulaire de la marque Imprim'Vert®